白日夢
冒險玩

白日夢冒險玩

吳沁婕的冰島奇幻旅程

吳沁婕——著

冰島的快樂視野　　　　　　褚士瑩（作家）

有一次，出版社編輯問我關於「視野」的看法。

當時我說，「視野」應該是一種用哲學的觀點，學習看待事情的本質到底是什麼的邏輯思考方法。比如法國哲學家奧斯卡・伯尼菲（Oscar Brenifier）就寫了一套給小朋友看的哲學書，我覺得很有意思，書名都是《幸福，是什麼呢？》、《自由，是什麼呢？》、《我，是什麼呢？》、《好與壞，是什麼呢？》、《團體生活，是什麼呢？》等等。藉由思考工作不同的面向帶來不同的邏輯思考，我認爲這就是視野。

當時同桌的還有在英國 Demortfort University 唸藝術教育藝術教育碩士的楊筱薇，她畢業後在 The Door 另類教育中心，教導 12~21 歲以英語爲第二母語的青少年，2010 年甚至因此獲得紐約時報最佳英文教師獎。她說在自己高職畢業之後，發現自己沒有謀生技能，於是選擇學習攝影，「視野」這個詞是在學攝影時意會到的。

「相機裡透過視窗來補捉影像，傳達我的視野。攝影是一個很難賴以維生的技術，但是語言是我另一個技能，21 歲時按下快門的手，變身為攝影助理，到了冰島採訪了歐洲第一位女總統，當下我膽怯也感受自己的藐小，看到的只是一份要完成的工作，當我看到因為我的技能能帶領我到的地方，讓我視窗裡看到又寬又廣又遠又深的地方。」

小小的冰島，讓開始在世界尋找自己位置的 21 歲台灣年輕女生，看到了一種值得未來追求的生活方式典範。

到底冰島這個國度，對於一個人的視野，有什麼樣的幫助？

一位來自香港的 NGO 工作者 Sonya，她為了在四川涼山痲瘋村的學童教育計畫，辭掉了空服員的工作，離職後花了一段時間去冰島環島。

「冰島帶給你什麼？除了冬天像瘋子般在零度的海域中潛水之外……」我問她。

「其實主要就是去了解冰島人為甚麼幸福和快樂，以及看懂人與自然的關係。」Sonya 這樣回答我。

Sonya 去潛水的地點叫做 Silfra，是被湖水掩蓋的板塊裂縫，距離首都大概 40 分鐘車程。由於不是鹹水，而是能喝的冰川水，浮力度和普通海水不同，加上潛水衣，下水後控制浮力就更顯困難。零度的水下，能見度 100 米，放眼望去雖然就只有岩石和單一的綠水草，但想到自己潛行在歐美板塊，因此終生難忘。

說穿了，冰島確實就是一個「什麼都沒有特別厲害」，但就如同吳沁婕在《白日夢冒險玩》中說的，有一種難以解釋的魅力，讓去深入走過的人，都覺得歷經了一段奇幻旅程。

每個冰島人，對於自己與自己的關係、自己與社會的關係、自己與自然的關係，有著很獨特的思考。

自己跟自己相處得很好，所以價值觀不被物質與物慾牽引，雖然本地生產很少，大多仰賴進口，但人並沒有因此對物質產生貪婪與嚮往，或是像華人那樣時時為了生存而焦慮。

Sonya 說她有位冰島朋友所選擇的生活方式，每年短短的觀光旺季時帶團掙錢，其他時候就待在家裡獨自安靜生活，跟家人朋友共度，或是去世界其他地方旅行，並沒有想要把收入極大化，也不覺得生活有什麼壓力，這對於任何一個在華人社會中力爭上游慣了的年輕人來說，毋寧是天方夜譚。

冰島人跟社會相處和諧，所以即使地廣人稀，每個人都住得很遠，但是卻又能夠感到他們跟人如此的親近溝通，互通聲息，互相幫助。

冰島人跟自然的關係，也充滿了和諧。他們十分珍視在外人眼中不怎麼起眼，也稱不上珍奇異獸的冰島動植物，無論是 Silfra 平凡無奇的綠藻，或是悉心經營的鳥類博物館，在在都看得到冰島人對於自己生存自然環境的敬意。

「也難怪，聯合國發布 2016 年《世界快樂報告》（World Happiness Report），丹麥在 157 個國家快樂排行榜上位居

首位，成為世界上最快樂的國家，第二名是瑞士，第三名竟然就是冰島。雖然冰島這幾年來因為銀行危機大大影響國家經濟，卻因為擁有高度社會支持的生活環境，沒有影響到快樂排名，這給了我很大的啟示。」Sonya 這麼說。

聯合國從 2012 年開始發布這項世界快樂國家的排名報告，希望將各國快樂進行量化，藉此影響政府政策。評分標準包括人均國內生產總值、預期健康壽命、社會支持、人生抉擇自由度、社會貪汙問題及慷慨風氣等六項因素。在同樣這次排名當中，美國排名第 13，臺灣第 35，香港則排 75，中國大陸則是排 83 位。

到冰島，我們不是去觀光，而是去學習過簡單生活的快樂。

冰島人不用潛水到 Silfra 水底下清澈達 100 米的視野，每天也都能清澈的看到自己是誰，看懂團體生活的意義，看清真正的自由是什麼，看清什麼是好與壞，於是擁有快樂生活的能力，這種「視野」，是沒辦法用追求金錢、物質的快樂來替代的。

如果你不知道這種清澈、快樂的人生是怎麼回事的話，或許，你也應該去一趟冰島。

美好的冰島，
寫不完的感動

記得前兩年忙著寫書，一本接著一本，在不到兩年中出了三本書，卻在第三本《勇敢做夢吧！：不走都不知道自己有多厲害》的宣傳期過後，發現自己好久沒有旅行了。

出了一本旅遊書，然後發現自己埋頭工作到忘記旅行是什麼感覺。雖然那時已經跟朋友安排好去曼谷度假幾天，但是心裡有某種欲望在蠢蠢欲動，我想要一趟真正的旅行，真正走著探索著未知的旅行。

就在這時，看到好朋友金星去冰島自助的相簿，完全被燒到，金星把冰島拍得好美，每一張照片都讓我想跳進去；有讓人震撼的蕭瑟壯闊，世界上真的有這麼帥的地方？有讓人感動的寧靜遼闊，好想就在那放空，什麼事都不用做……

我想去那裡，好想去，我覺得冰島在呼喚我。但是金星說，她覺得自己拍下的還不及冰島的十分之一美麗。

所以我硬是在 2014 年滿滿的行程中又擠出了十天空檔，馬上請金星這個超級好朋友幫我規劃了一趟冰島的自助旅程（我的第一趟冰島行真的可以說是完全請金星幫我安排的，我只負責去玩跟拍照，只能說我的人生貴人好多，我的朋友都好優秀！），然後我從曼谷回到台灣就手刀回家收行李，五小時後再度出發前往冰島（而且還在曼谷轉機，二十四小時內來回曼谷也算滿酷的）。

這趟一個人的冰島旅行，我只能說，不只完全沒有失望，第一天到最後一天都讓我驚呼連連，也讓我決定了，隔年我還會再去冰島。

被金星的相簿燒到。克拉夫拉火山附近的夕陽。

美好的冰島，寫不完的感動

2015 年我的第二趟冰島之旅，不只更加深了我對冰島的愛（然後決定我今年還會再去），也讓我開始想著，我可以寫出一本很棒的書。我有這兩趟自駕環島一路上高潮迭起的驚奇故事，我有旅程中讓我難以忘懷的深刻感動，我有好多好多想跟你們分享的、冰島的美好。

而這是第一次，我有一種不想寫完的感覺，可以沉浸在旅程和文字裡是身為一個旅遊作家最幸福的地方。

謝謝冰島，可以寫你，真好。

白日夢冒險玩

想像，火山好想在裡面放空。

美好的冰島，寫不完的啟動

Contents

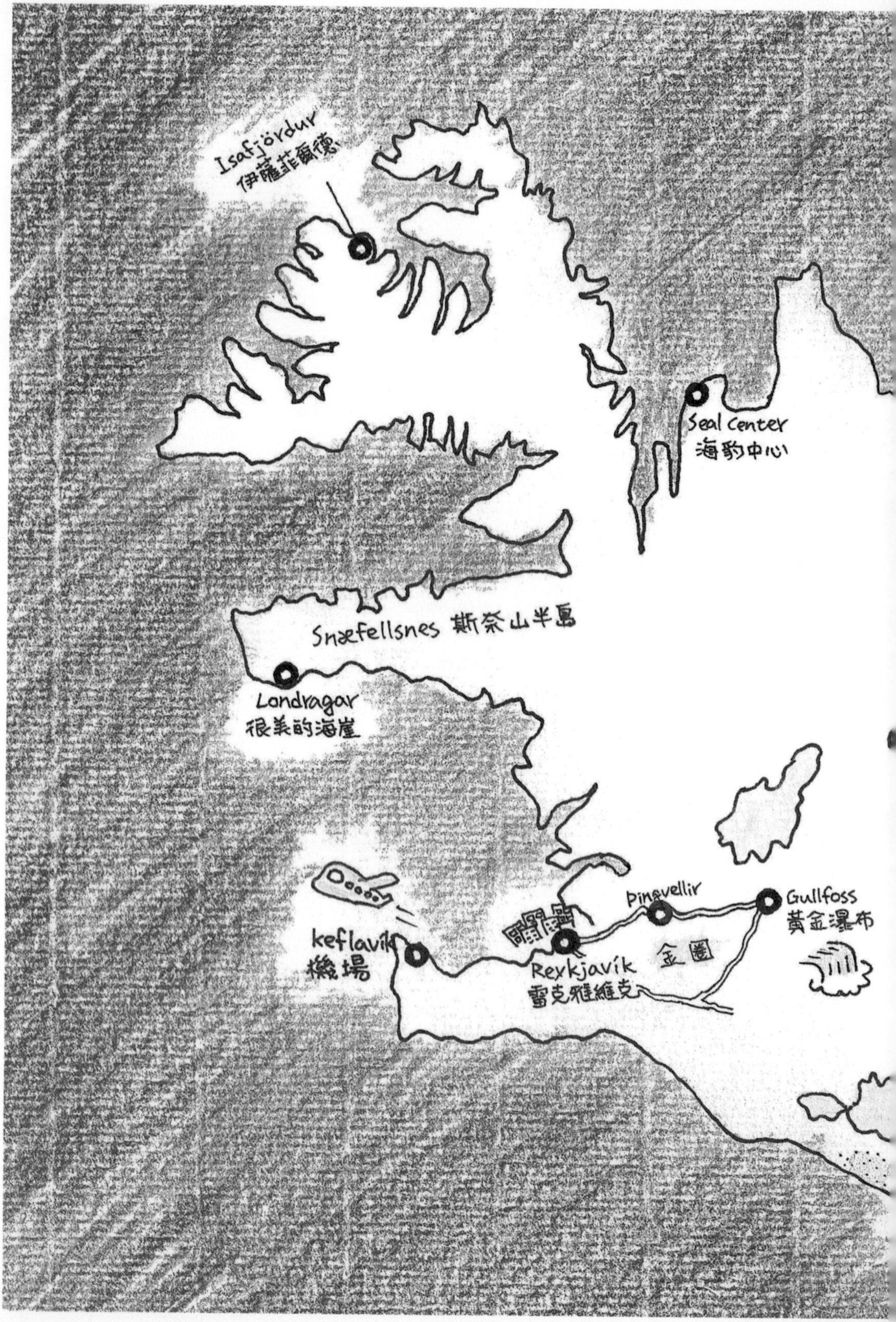
Isafjördur
伊薩菲爾德
Seal Center
海豹中心
Snæfellsnes 斯奈山半島
Londragar
很美的海崖
Þingvellir
Gullfoss
黃金瀑布
keflavík
機場
Reykjavík
雷克雅維克
金圈

Fall in Love with Iceland

眞的不可能不愛冰島啊！現在，在這本書的旅程開始前，先讓我跟你們說說我眼中的冰島。

冰島是一個冰與火的世界，島上有很多火山、冰川。無數次的火山爆發、冰川刻畫、融化、填積，加上強風侵蝕、大海沖刷，讓冰島的樣子可以說是每一年都不一樣，世界上大概再找不到這樣的地方了。

我們以前在課本上讀到的地質變化，都是以千年、萬年甚至千百萬年爲單位在發生，以一個人短暫的一生幾乎不可能察覺，但是，冰島卻可以讓大家眞眞實實看見各種地質現象不停在變化。

科學家說，從天空中看冰島，和其他國家最大的不同是，冰

島最類似地球原始的外貌，加上冰島地處北半球高緯度，清涼的空氣幾乎沒有任何汙染，能見度和負氧離子都非常高，島嶼上的一切清晰鮮明。坐飛機鳥瞰冰島，就好像從一個地質博物館的展覽廳飛到下一個展覽廳。

這也是為什麼，我在冰島的每一天都好快樂；每一天，絕對不會無聊的有好多驚奇變化在眼前。這些地理課本上才會出現的地質名詞，化作不可思議的美景，讓我驚歎的拍出一張又一張絕美的照片，然後想說：這些照片還不及我親眼看見的十分之一美麗。

也因為太想知道那些我深愛的美景到底為什麼可以美成這樣，以前地理地質最爛的我，去了冰島兩趟以後，回來變得很愛看地理知識，很想把那些神奇都弄懂。

除了自然美景之外，冰島的生活品質、冰島的文化、冰島的人，都很吸引人。

冰島很乾淨，就是北歐的風格，極簡但有質感。我住過的民宿、旅館，很多我都好喜歡。對我來說，旅程中最重要的，除了看得美麗，也要玩得舒服，冰島完全符合我的期待。

冰島的生活品質、人民福利、幸福指數在世界排名都是名列前茅。雖說很多人對冰島政府 2008 年破產這件事有印象，但冰島破產的其中一個主因是三大銀行操作投資不慎，之後在冰島政府的強力政策和人民的向心力合作之下，冰島重振

了經濟，到 2015 年，冰島的國民所得有五萬多美元，還是
非常的高喔。

冰島的治安也非常好，犯罪率很低，這和他們的教育以及人
文素養有很大的關係。

我看過很多篇介紹冰島的文章說，冰島的男女平權已經連續
好幾年世界第一，而且冰島人對性別、種族等各種差異，都
是持尊重的態度，加上社會沒有太大的貧富差距，也沒有歧
視、仇恨的問題，自然就沒有犯罪動機。真的是一個很令人
嚮往的幸福國度，這一切在我的兩次旅程中都親身感受到。

記得有一次我在首都雷克雅維克（Reykjavik）逛街，逛到
一家家具店。我進門時，店員從二樓跑下來問我需要什麼服
務？我跟他說我只是看看，他微笑著說請慢慢看，就上樓去
忙了，這時我看到有兩台筆電、兩支 iPhone 就放在一樓的
桌上，這種對人全然的信任，在現代可以算是非常的稀有。

還有啊，大家都知道我是個多麼需要別人幫助的人，我在冰
島除了基本的問路、問行程之外，還發生了很多驚險且需要
幫助的事，而我在冰島問過、求助過的每一個人，沒有人拒
絕我，他們總是很有耐心的幫助我到最後。冰島人看起來並
不會特別熱情、主動，但是他們都很真誠的回答我的問題，
幫我解決困難，尤其在緊急的時候。這些溫暖而感動人的故
事，我都寫在文章裡面了。

白日夢冒險玩

在這本書中，我把兩次冰島行的精彩部分都寫進去。

第一次是 2014 年我一個人的冒險，而第二次 2015 年的冰島行，還加入了我的經紀人 Judy。

Judy 以前是個不太愛旅行（其實連走路都不太愛）的孱弱女孩，所以她的親身經歷將可以讓大家看到不同體質的人如何適合冰島，也讓這本書增添了很多好笑（無誤）的勵志故事。

現在，就跟我們一起準備出發吧！

冰島地理小教室

冰島位在大西洋脊上，大西洋脊就是歐亞大陸板塊和北美大陸板塊的交界。在幾千萬年前，歐亞板塊和北美板塊連在一起，後來因為地殼劇烈變動，兩塊板塊往不同方向漂移，中間就形成了大西洋脊。

大西洋脊是兩塊板塊的裂縫，這個裂縫讓地熱有了出口，因此常有火山爆發，而冰島其實就是一個大西洋脊上不停有火山噴發，之後隆起露出海面的島。所以冰島有很多火山，大大小小的火山輪流噴，近 100 年來，平均每兩年就噴發一次（大部分是不影響人類活動的小規模噴發）。火山噴發時的熱度會使冰川融化，融化後的河水會夾帶泥沙到處填積（所以一些洞啊、裂縫啊、峽灣等會不見），噴出來冷卻的岩漿又變成新的地表（所以會產生各種各樣的岩石，一些山會變高、變形或出現幾座新的山），加上火山爆發推擠，地殼繼續漂移，造成一些山體被拉開，部分地面發生沉降、強風、大海侵蝕（冰島的海浪據說可以強到一天之內把一片陽光沙灘沖刷到一粒沙不剩）、冰川繼續沉積、刻劃、覆蓋又融化，所以冰島的樣子可以說是每一年都會不一樣。世界上大概再找不到這樣的地方了。

很多很多不同的美麗，每天都是驚奇。

就從一個驚險的感人故事開始吧！

▶

要飛往冰島，通常會在北歐或倫敦轉機。台灣並沒有直飛北歐和倫敦的飛機，因此至少都要轉機兩次以上。轉機一多，就比較容易出問題，所以我 2015 年的第二次冰島行，冒險旅程就在桃園中正機場展開了⋯⋯

當天早上凌晨 4:00，我跟 Judy 就到機場準備 check in，要搭 6:05 的飛機往香港轉機到倫敦，再飛往冰島。但是排隊的人龍彎彎曲曲，我們在櫃檯前站了半個小時，都沒有工作人員來，等到大家開始不耐煩了，國泰的地勤人員才出現，一臉慌忙，問了才知道香港因為彩虹颱風航班大亂，我們 6:05 的班機要延到 12:00 才能飛。

就這樣焦急的等了漫長的兩個多小時。

我一聽心都涼了，這樣我們不但完全趕不上往倫敦的飛機，後面往冰島的飛機也來不及搭……

國泰的人員引導我們排往票務櫃檯，幫我們想辦法重新訂票，但是排隊的人龍以一種幾乎看不出在移動的龜速前進。我心裡盤算了各種可能，最幸運的當然是找到可以及時到達倫敦的其他班機，讓後面的行程照常；如果真的不行，冰島那段也許要重買；如果真的要重買，也得有位子，不然後續的租車、住宿等全部都得延後，那會非常非常的麻煩……

等了好漫長的兩個小時，終於輪到我們。地勤先生看了我們的行程，開始幫我們找可以及時抵達倫敦的各種方法。他查了各大航空公司，最後發現有一班華航飛首爾的班機可以接大韓航空轉機飛倫敦，趕得上往冰島的班機。我們整個人都醒了過來，眼睛發光的看著他，但是這班飛機 7:45 就要出發，現在已經 6:55 了。地勤先生馬上幫我們訂票，卻發現華航已經停止這班飛機的訂票作業。他毅然的站起來說了聲：「你們跟我走！」

就頭也不回的往國泰總櫃檯跑，我們也推著行李跟著他狂奔。

他跑進櫃檯跟三位忙亂的主管報告這件事，請他們打去華航幫我們開啟作業系統訂票，一群人就這樣為了我們兩個飛往倫敦的機票著急的想辦法。看他們打電話的打電話，奔跑的奔跑，每一個人都把我們的事當作自己的事一樣著急努力，真的好感動啊……

其中一位認真的女主管因為太忙亂到眉頭深鎖，轉過來熊熊看到我站在他們櫃檯裡，還對我大吼：「先生！你為什麼站在這裡？這是工作的地方，請你出去！」

「是……是那位先生叫我們進來的……」我很無辜的對她說。

先生．請你出去！

帶我們進來的地勤先生很抱歉的又把我們帶出去，接下來跑出來一位女生，帶著我們跑向華航櫃檯，請華航讓我們 check in。華航小姐面有難色的說：「但是我們這班飛機收行李的作業已經關閉了耶……」我還沒來得及跟她說拜託，國泰小姐馬上說：「拜託，這次讓她們通融一下……」我也立馬雙手合十露出鞋貓的眼神說：「拜託……我們還要轉機去冰島，這班沒搭上後面就慘了……」

華航小姐眉頭一皺，幫我們生出了珍貴的兩段機票：台灣飛首爾，首爾飛倫敦。然後國泰小姐又拉著我們邊跑邊說：「登機門在 B9，有點遠，你們要快一點了！」

這時我真的覺得自己已經眼角泛淚，一直跟她說：「謝謝！謝謝！」

「是我們對你們很抱歉……」她很誠懇的跟我們說。

喔，如果世界上的人都可以這樣有愛，那就太美好了……

最後我們順利地搭上華航班機，在首爾轉機，抵達倫敦，到達冰島。

真的要再次感謝國泰及華航所有幫助我們的工作人員。想到之前在國外遇到過突發狀況班機取消，有時拚到欲哭無淚也沒人理，這次我一定要大聲說：「台灣超棒！」

順利在首爾趕上飛機抵達倫敦。

就從一個驚險的感人故事開始吧！

還要特別感謝 my dear dear friend 金星星，是怎樣的好朋友可以在清晨 4:00 接到我的緊急電話就馬上起床頭腦清醒的幫我查到了所有可能的班機，讓我可以即時提供地勤人員訊息在千鈞一髮之際趕上飛機（大淚）。

所以如果大家想要在轉機的國家多安排個一兩天玩一玩，好像也是不錯的選擇，比較可以避免前面班機出事、後面緊張得要死的狀況，而我用這篇驚險又溫暖的故事當做這本冰島行的序曲，是因為……嗯，因為吳沁婕的人生本身就是一段冒險旅程啊！

精彩開始了！

凌晨一點多終於到達冰島首都雷克雅維克，
我們的旅館。

就從一個驚險的感人故事開始吧！

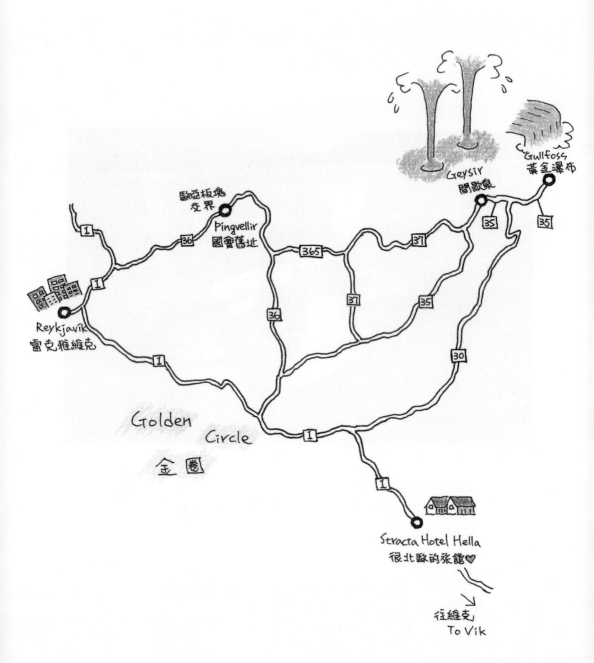

Geysir
間歇泉

Gullfoss
黃金瀑布

歐亞板塊
交界
Þingvellir
國會舊址

35

35

36

37

365

1

1

37

35

36

30

Reykjavik
雷克雅維克

1

1

Golden
Circle
金圈

1

Stracta Hotel Hella
很北歐的旅館♡

往維克
To Vik

沒有去過金圈（Golden Circle），就等於沒有去過冰島。這是在介紹冰島的文章或書籍中常常會看到的一句話，因為金圈有超帥的黃金瀑布（Gulfoss），有冰島著名的間歇泉（Geysir），有北美板塊和歐亞板塊交界的裂縫，還有具有歷史意義的冰島國會舊址，可以說冰島代表性的地理歷史都有了。而金圈就在離首都雷克雅維克大概一兩個小時車程的範圍，是很多人一開始認識冰島的地方，也是我第一次踏上冰島的起點。雖然那時我連金圈到底是什麼都還不知道，就已經被感動得亂七八糟了。

2014 年 10 月 13 日，冰島時間晚上 12:00，我經過 24 小時

的搭機轉機搭機，終於抵達冰島，在機場旁的租車公司拿到我租的四輪傳動帥駒 Kuga。雖然帶著舟車勞頓的疲憊加上已是深夜，但因為超級興奮而湧出的腦內啡，讓我有精神抖擻的錯覺……

我，開車在，冰島了……我在冰島了！！！

從機場往雷克雅維克的 41 號公路筆直順暢，四周除了路燈一片漆黑，偶爾有一兩輛車在我前面後面或超過我。一邊滿意著這台好好開的 Kuga 啊，儀表板亮晶晶、車子好乾淨有一種新車的味道，它要陪我八天七夜呢！一邊想像著明天太陽升起時我會看到怎樣的美景。但，我已經在裡面了啊，我在冰島裡面了！！！一想到這點，油門又多催了一些。

40 分鐘後，我順利的跟著 GPS 到達第一天的旅館，順利 check in，順利來到房間昏倒，又在冰島時間 8 點左右順利自然醒。醒來第一件事就是衝到窗邊打開窗簾。喔，我要哭了……好美噢……天剛亮的雷克雅維克被山和海包圍，是我印象中那種冰島的山和海。

早晨的太陽斜斜的，把城市撒上一層薄薄的橘紅色。

沖了一個熱水澡，下樓吃了豐盛的早餐，無縫接軌把時差解決了！去隔壁的電信公司買了冰島當地的 sim 卡，再去超市買了好多食物把車子後座塞滿滿看起來好安心～

一切就緒，出發吧！

| 2

────────

| 清晨的窗景。

2 with my 四輪傳動帥駒 Kuga，出發！

沿著 1 號公路往北開，才開沒幾分鐘，我就開始不停自言自語的驚呼。其實冰島最吸引我的是遼闊帥氣又充滿變化的各種公路景色，這種公路不就是要用來拍《白日夢冒險王》的嗎！？

路上車子很少，看到喜歡的景色就路邊停車，取好景架好腳架就開始自拍。這種自拍就像在上表演課一樣，看看周圍，用心感覺，你想用怎樣的表情、怎樣的動作、怎樣的姿態在這片景色裡，按下十秒自拍功能走進鏡頭中，「喀擦！」多拍幾張，心愛的照片就會出現～

今天天氣很棒，太陽跟雲都剛剛好。

最愛冰島的公路

風不大，秋天，到處是黃色、橘色、紅色的植物，配上淡藍色溫和的天空很舒服。

第一次下車就聞到了一股硫磺的味道，有一種來到陽明山的感覺。金圈是有名的地熱區，和北投其實滿像的。路旁的草地有大大小小的積水，今天溫度在零度上下，積水上結了薄薄的一層冰，踩在上面咖滋咖滋好像踩在焦糖布丁上。

忘記拍到第幾 round，正當我腦中浮現金星的提醒「最好多帶一雙鞋可以替換」時，就一腳踩進一灘水裡……

那虛虛實實、時而草地時而冰霜時而就是一灘真正的水的地面，真是讓人難以提防啊，或是應該說很開心我帶的鞋第一天就派上用場了嗎？路邊換了乾爽的鞋襪繼續上路。我發現冰島真的讓人什麼都想拍啊。看到很帥的冰島公路想拍，看到寧靜的湖泊想拍（這麼美當然也會放空一下），看到很特別的石頭上面的綠色青苔想拍，看到路邊可愛的牛啊馬啊想

白日夢冒險玩

拍，照這個速度看來，我應該要天黑才會抵達落腳的旅館吧（google map 顯示今日的路程明明不到兩小時），一看錶已經下午快三點，我根本還沒開始進入金圈的景點們耶。

只好提醒自己要稍微做一點取捨，忍痛忽略很多其實很漂亮的地方，然後熊熊發現我好餓，興奮到都忘記要吃午餐了。在車上吃了自製沙拉米芝麻葉三明治（配美景超好吃），吃飽終於要往金圈前進！

往金圈的景點前進已經是下午 3 點多了。我先沿著 35 號公路開到了辛格維爾國家公園（Þingvellir National Park），這裡是國會舊址，曾經有世界上最古老的議會，還曾是

冰島最高法院的所在，1944年，冰島也是在這裡宣布脫離丹麥獨立，這裡可說是具有歷史和地理的雙重意義。

其實辛格維爾國家公園本身就是一個很漂亮的地方。我這個人對歷史比較沒有興趣，但美景馬上可以喚起我的求知慾。這裡的地質現象很豐富，除了各種火山之外，還有地表漂移產生的裂縫，歐亞板塊與北美板塊分離形成的地塹剛好經過這裡，在阿曼納喬峽谷（Almannagjá）兩個板塊甚至相距90公尺以上，我們可以直接走進兩大板塊中間，而且兩大板塊目前繼續以每年2公厘的速度慢慢分離。

辛格維爾國家公園中的各種斷層，是板塊移動的全球最顯著例子，也成為觀察地球內部變動的最棒天然地理教室。

上車再往前開一點就是有名的間歇泉 Geysir。間歇泉是因為地熱加熱，使得地下水成為水蒸氣，利用水蒸氣產生的空氣柱壓力推動水的週期性噴發而形成。Geysir 這個字在冰島文就是「噴發」的意思。到了這裡可以看到兩個間歇泉區域，一個叫做 Gyesir，一個叫做 Strokkur。

Geysir 成名的比較早（這就是為什麼後來我們都叫間歇泉 Geysir，英語是 Geyser），它以前隨隨便便都可以噴發到 70~80 公尺高（差不多有 30 層樓高！），曾經是世界上最厲害的間歇泉，後來因為水裡的二氧化矽加上遊客投進石塊造成堵塞，它竟然就不噴了……之後又因為 2000 年的一場

1 2
3
4

1　阿曼納喬峽谷的步道，讓我們可以直接走進兩個板塊中間。

2　間歇泉口在噴發前會先很立體的凹下去。

3　又很立體的凸起來。二氧化矽讓水呈現美麗的藍色。

4　噴發！！！

大地震再度噴發，但現在是處於愛噴不噴、沒什麼力的狀態，不知什麼時候會再來個大地震把它叫醒。

還好它旁邊的間歇 Strokkur 很有活力，大約 5~10 分鐘就會噴一次。雖然噴起來大概只有 Geysir 全盛時期的一半高 40 公尺左右，但在現場看已經很厲害了！

等待噴發的過程其實滿好玩的，就站在旁邊盯著看，間歇泉口平靜的時候是很美的藍色，那種好像傳說中可以從裡面看到未來的魔力水的顏色，看著看著會發現它漸漸開始

第一次踏上冰島的感動，前進金圈

激動，好像要煮沸那樣，接著水面會整個很立體的凹陷，再很立體的鼓起來，然後就噴發了！

噴的時候轟的一聲，沸水和蒸氣一起噴向高空。現場超嗨，大家紛紛發出各種讚歎聲，好像在看演唱會，而且因為壓力不同，每次噴發的高度和帥氣度都不同，每次都讓人期待。

金圈是有名的地熱區。地熱可以發電，冰島有這些超強的水力、熱力，全島的電力都是來自可再生能源，超環保，完全沒有要不要廢核的問題。而這些地熱不只可以發電，還可以用來蓋溫室種蔬菜水果。冰島的蔬果有一些是從國外進口，其他就是島上溫室栽種出來的。

接著沿 35 號公路往黃金瀑布前進。黃金瀑布的冰島文是 Gullfoss。冰島的瀑布很多，地圖上只要看到 foss 結尾的字，就是瀑布的意思。

停好車後步行到瀑布，大概要走個十分鐘。我一下車就迫不及待往瀑布走，走了一會兒發現真的好冷啊，又回車上去穿外套戴帽子。黃金瀑布的水量太澎湃了，遠遠都會被它的水花噴濺到，加上傍晚的風一吹真的超級冷！我把相機收起來換上了防水的 GoPro 攝影機才能在浪漫水霧中安心拍。

還沒真正接近瀑布就看到了它的壯闊。Oh，真的好震撼……寬闊澎湃的大水以一種千軍萬馬的氣勢衝進深不見底的地下

黃金瀑布（Gullfoss）

裂縫。這些水是上游冰河融化而來的。站在瀑布旁凝視著，竟然有一種腿軟的感覺，可以想像如果自己一個腳滑掉下去，就會瞬間跟著大水消失在地表了……嘖嘖……

黃金瀑布曾經被財團覬覦要用來做水力發電（看這氣勢一定可以發出滿滿的電啊），但後來因為一位偉大女性西格里德・托馬斯多蒂爾（Sigríður Tómasdóttir）小姐的奔走努力，最後被冰島政府買回去，才能保持它的純淨之身讓大家欣賞。因此黃金瀑布解說牌旁邊有托馬斯多蒂爾小姐的紀念頭像。

在瀑布旁邊震撼了一會兒，已經全身鋪了一層水珠冷到不

行。走回停車場時看到旁邊有一個遊客中心，裡面好溫暖，還有很多東西可以吃吃喝喝，逛個紀念品讓身體回溫一下。平常看到遊客中心都沒什麼感覺，但是在冰島遇到竟然是這樣讓人心花怒放。

終於完成了金圈巡禮，今天也太豐富了吧！上車時天色漸暗，開往今天旅館的路上，地熱白煙裊裊點綴在橘紅暮色中。

天黑前我順利到達今天落腳的地方，是一個非常北歐讓人一看就好喜歡的斯特拉塔海德拉旅館（Stracta Hotel Hella）。

吃了一碗泡麵，洗了個熱水澡，看著今天已經爆炸的照片們……第一天就這麼淋漓盡致！在臉頰碰到枕頭的瞬間，我又滿足的昏倒了。

1
2

1　Stracta Hotel Hella 起居室。
2　可愛原木小房間。

我在冰島的第一個活動體驗，就在 2014 年第一次冰島行的第二天。那是我超級期待的——冰原摩托車！之前上網查資料的時候看到摩托車的照片，就覺得超級無敵帥。在一片銀白的世界飆車，還有比這個更該參加的活動嗎？看了一下價錢，兩人以上參加的話每人 24990 克朗（冰島幣，標誌為 ISK），我是單人參加，要再加 10000 克朗，所以是 34990 克朗，約台幣 9000 元。雖然不算便宜（在冰島應該沒有「便宜」這兩個字出現的機會），但也不是什麼遙不可及的天價，立馬報名了！

（活動報名網址：https://www.extremeiceland.is/en/activity-tours-iceland/snowmobile-iceland/adventure-snowmobile）

我沿著1號公路開,遇到222號公路轉進去,沒多久就到了。活動的注意事項寫到要提早三十分鐘去現場準備。冰島的各種活動幾乎都會這樣要求,我也當個守時的乖小孩準時出現在活動的辦公室。教練發給大家一件像賽車手一樣的連身衣、一雙大大的雪地靴、一個像恐怖份子的頭套和一副手套,我們就想辦法把塞得進去的衣服都塞進去。這種天氣就算穿賽車服也沒辦法有什麼拉風的感覺,保暖是唯一目標。然後大家就一起坐上輪子超大的雪地車出發。

一路上景致非常壯觀,整個山路可以說是沒有路,完全被厚厚的雪覆蓋。厚雪底下是大大小小的石塊,但是雪地車的大輪子真不是蓋的,雖然沒辦法開到很快,卻以一種平穩的姿態前進,讓人好想擁有一台,感覺開去哪裡都沒問題!

今天騎乘冰原摩托車的地點是米達爾斯冰原(Mýrdalsjökull),它是冰島的第四大冰原,但是比米達爾斯冰原更有名的是位在它下面的卡特拉火山(Katla)。卡特拉火山是科學家預測冰島最有可能爆發的下一個火山。還好當時我不知道。2010年愛雅法拉冰蓋火山(Eyjafjallajokull)爆發時,火山灰不停飄出來,造成歐洲一個多禮拜航班大亂,那時就有很多人擔心會觸發旁邊的卡特拉火山爆發。卡特拉火山上一次爆發在1918年,這種被冰原蓋住的火山一旦噴發會特別猛

1　2

──────────

1　米爾達斯冰原，下方是卡特拉火山。
2　臃腫的勁裝，很像大嬰兒。

烈，還會造成冰原融化成大量洪水。那次的洪水其中兩天的流量竟然到達每秒 30 萬立方公尺，超過世界上任何一條河流（世界上流量最大的河流是亞馬遜河，流量每秒 21 萬立方公尺，流量第二名的長江「才」每秒 3 萬立方公尺，所以那次卡特拉火山爆發造成的洪水，可以說是 10 條長江的流量，嘖嘖）。

到了冰原上，冰原摩托車已經排好在等我們了。看到網路上很多介紹都說冰原摩托車只有雙人座的，但是我竟然看到眼前有一台跟大家都不一樣的白色單人座冰原摩托車，是教練特別為我準備的，因為只有我是一個人

來報名。單人座的好可愛喔,感覺 special for me～哈哈!

教練幫大家發動車子後,就開始解說示範。他說騎乘冰原摩托車最要注意的是,一定要跟著前面人騎過的軌跡前進,絕對不能自己亂騎,因為冰原上有一些冰裂縫,有的可以非常深,摔下去不是開玩笑的。還要記得冰原摩托車在轉彎時要用全身的力量壓車,要左轉就全身用力壓左邊,右轉就壓右邊,如果沒有壓車只是轉動龍頭,很容易翻車。如果真的不小心翻車了,切記不要伸腳出來踩地,因為雪地摩托車很重,翻車後車體直接把腳壓下去是會骨折的,要摔倒不如就好好的跟摩托車一起倒下去吧～認真介紹完,大家就跟在教練後面出發。

因為看過網路介紹說冰原摩托車不太好控制,加上教練剛剛的講解有點嚇人,所以我小心翼翼的抓緊龍頭跟著前車軌跡。騎了一會兒心情慢慢放鬆,才開始有餘力來感受和享受。我們跟前後車的間距大概有十幾公尺,騎的時候感覺像是自己在一片無垠的雪白中前進,陽光從雲層偶爾探出頭,讓整片白雪山景發著金色的光。Oh,還有比這更帥的騎車嗎?

可能是前幾天有下雪,今天冰原上鬆軟的雪讓我的摩托車很好操控(我看到很多網路上的冰原摩托車照片都騎在硬硬沒什麼雪的冰原上,比較難控制),加上一直跟著前車軌跡前進也沒有什麼困難的轉彎,所以我決定開始來自拍。畢竟

我就一個人來也沒人能幫我拍，沒有把這麼帥的歷程記錄下來，回去一定會搥心肝。

首先我把左手手套咬住脫掉（右手要持續壓住油門才不會停下來），把手套夾在大腿下面，然後伸進賽車衣胸前口袋裡拿出 GoPro，按下開關後就開始自拍了。真的要說，不枉費我從小在台灣險惡路況騎摩托車還有在世界各地自拍練就出來的技術，我右手輕鬆的操控龍頭，左手靈巧的轉動 GoPro 切換拍照和錄影模式，靈巧的轉動方向，把人和美景都完美的拍進去～

冰原摩托車，我這輩子騎過最帥的車

唯一困難的是在這種雪地騎車沒有戴手套的手真的是會冷到爆炸，拍個一分鐘左右就覺得手指要變冰棒了，完全麻到沒感覺，趕快把 GoPro 放回口袋，把手套戴好繼續騎。就這樣一路脫手套，拍，放回口袋，戴手套，脫手套，拍……把想拍的都拍了，覺得自己已經可以開班授課「如何騎冰原摩托車安全自拍」。

大概騎了 30 分鐘到達定點後，教練就讓大家休息，拍拍照。
今天的積雪算是厚的，難得可以全身包得這樣滴水不漏，就躺在地上盡情擺動雙手雙腿，做一個在外國小說裡看到小朋友喜歡做

白日夢冒險玩

1 2 3 4

1　很罩的大輪子雪地車

2　我的 special 單人座雪地摩托車，超級
　　cute <3

3　自拍王。騎直線沒有轉彎的時候才可以
　　這樣拍喔。

4　很大的雪天使，一旁的小朋友很疑惑。
　　謝謝教練杯杯。

的「雪天使」（在雪地裡擺動雙手雙腿做出
一雙翅膀像天使的樣子），但是跟我同團的
外國小朋友好像覺得我怪怪的⋯⋯是小說騙
我還是雪天使不能這麼大隻？

我們教練是個和善的杯杯，他看到我一個人
來，特別走過來跟躺在地上的我要了相機幫
我拍了雪天使照。

雪天使做累了就躺在鬆軟的雪地欣賞腳下看
出去無邊無際的金色雪世界。
怎麼才剛開始玩就都這麼厲害⋯⋯

冰島，不便宜的很值得啊。

冰原摩托車，我這輩子騎過最帥的車

這是我騎過最帥的車。

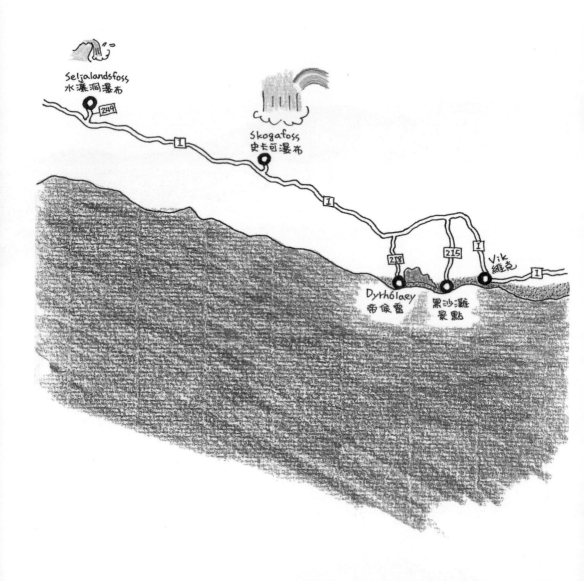

從冰島的大地圖上可以清楚的看到，冰島的南部海岸線是一片平順，和北部、東部、西部的蜿蜒峽灣完全不同。這是因為瓦特納、米達爾斯幾個大冰原在火山爆發時融化，產生的洪水夾帶大量泥沙，把南部的峽灣都一一填滿了。最有名的一段是由南端城市維克（Vik）附近一路往東向上延伸 400 多公里的斯凱達黑沙灘沖積平原（Skeithararsandur）；這一大塊平原的面積高達 1000 平方公里。

維克是冰島南部的重要城市，雖然城市不大，但這裡是很多旅人和旅行團要從雷克雅維克玩到東部赫本（Höfn）的中繼站，所以維克的旅館在旺季時一位難求，要訂要趁早。維克

1 冰島南部有一片 1000 平方
公里的黑沙灘沖積平原。

2 黑沙灘景點入口很多人疊
起鵝卵石。冰島人相信石
頭疊得愈高愈會帶來好
運。第一次來黑沙灘時風
太大,連腳架都差點被吹
飛,只拍到這樣的照片。

附近有許多美麗的景點,像是在「帝候雷生
態保護區(Dyrhólaey)」可以看到黑沙灘
海岸,從海中升起的火山岩及冰島特有帕芬
鳥(Puffins),這裡還有冰島的小精靈傳說,
而電影《白日夢冒險王》的主角米堤經過的
史卡可瀑布(Skogafoss)或是像水簾洞一樣
的賽里亞蘭瀑布(Seljalandfoss),也都是
很有特色的熱門景點。

我第一次的冰島行來到黑沙灘時,氣溫大概
零度左右,但是風超級大。維克附近以壞天

氣出了名，不但風大，降雨量也是冰島第一，動不動就颱風、下雨、下雪、下冰雹，風大時聽說可以把車都吹翻，所以我那天去還算是天氣好的了（？）。記得我當時已經在車上吹最暖的暖氣把自己弄得很暖了，還是一下車就發抖，全身包得緊緊的，整個臉都快要塞進毛帽裡卻還是覺得怎麼這麼冷啊！帶了腳架完全不能用，手一放開整個腳架連相機都會被吹走。這有名的壞天氣還真是名不虛傳～

第二次來的時候，終於帶了厲害的相機，還多了 Judy 一起。那天風還是很大，海面波濤洶湧加上矗立在海中的奇形怪狀岩石，感覺很像電影裡用來關厲害壞人的那種海邊。感謝 Judy 包得像賣玉蘭花的阿姨，在海風中幫我拍了很多照片。

黑沙灘，冰島的地質大教室

帝候雷生態保護區可以看到很多火山活動的痕跡。首先是腳下踩著的黑沙灘，這裡的沙其實不像沙，比較像很小的碎石，這些「黑沙」是火山爆發後冷卻的黑曜岩被風化後形成的，而冰島原文 Dyrhólaey 這個單字則是「洞門」的意思。帝候雷本身是一塊大海岬，海岬有 120 公尺高，它在 8 萬年前海底火山爆發後從海中突起，整個延伸進海中像一座橋，橋下有一個像門一樣的洞而得名。

這裡的浪好有力啊！白浪花就超過一個人高，一道浪打上來的細緻白浪花泡泡可以快速綿延好大一片。給浪追很好玩，

| 1 | 2

---

1. 黑沙灘，很像電影裡關厲害壞人的海邊。

2. 這裡的浪很有力，白浪花就超過一個人高。遠方突出的海岬就是帝候雷海岬。

衝刺就不會冷了！

帝候雷黑沙灘自然保護區也是冰島有名的帕芬鳥生態保護區，夏天來時可以看到牠們出現在岩石上。帕芬鳥長得超酷，第一次在明信片上看到還以爲是假的，一層一層的彩色大嘴巴好像是畫上去的，明信片上常常有牠一口吃很多隻小魚的照片，讓人看了很想吃小魚。

這裡還有很多精靈的傳說，其中一個傳說是：

黑沙灘，冰島的地質大教室

一個月黑風高的夜晚，兩隻小精靈想趕在黎明前把一艘三桅船從大西洋拖到維克岸邊，還沒來得及靠岸，他們就被黎明第一道曙光變成石頭，也就是現在豎立在岸邊的三根黑色岩柱。傳說如果把這裡的黑沙或石頭帶走，會帶來厄運喔。

火山活動的痕跡還有著名的柱狀玄武岩。柱狀玄武岩是因為海底火山爆發噴出的熔岩均勻冷卻，收縮成這樣一塊一塊方正的形狀。在澎湖也可以看到很多柱狀玄武岩，但是澎湖的玄武岩風化比較嚴重，會坑坑疤疤的，而這裡的柱狀玄武岩很方正，平整得像樂高一樣，讓人忍不住想一格一格往上爬。坐在上面會覺得自己都變成樂高人了。

結束了黑沙灘火山岩石生態之旅，再來看瀑布吧。

冰島有名的瀑布很多，但是維克附近這兩個瀑布比較不一樣，不同於冰島其他瀑布只能站在瀑布上方看著大水奔騰

白日夢冒險玩

而下，這兩個瀑布我們可以站在瀑布下面觀
賞，甚至走進瀑布裡。

其中一個是史卡可瀑布，站在瀑布下面仰頭
看非常壯觀，電影《白日夢冒險王》中有一
幕男主角米堤經過一個瀑布，就是這個。瀑
布的大水從天而降，形成很有氣勢的背景。
史卡可瀑布又叫彩虹瀑布，因為瀑布寬闊、
水量大，只要太陽出來就會出現很大很美的
彩虹。

沿著瀑布旁的一條步道走約半個小時，可以
走到瀑布上方。從這裡看出去，可以看到整

黑沙灘，冰島的地質大教室

片黑沙灘平原。我去的那次天氣不好，這裡借用了金星在夏天拍下的綠色冰島與大家分享。

而另一個賽里亞蘭瀑布又叫水簾瀑布，雖然水量跟冰島的其他瀑布相比顯得很斯文，但是這個瀑布是從一塊突出的岩壁流下，使得瀑布後方形成了一個水簾洞，人們可以沿著步道走進水簾洞，感受一下站在瀑布裡的感覺。走的過程會一路被水花噴射，步道非常溼滑，建議要穿防水的外套、防滑的鞋子再去。我去的時候穿著帆布鞋，完全是以溜冰的姿態溜進去的。站在水簾洞裡，張開被水花噴溼的雙眼，看著瀑布嘩啦啦從頭頂奔下，是一種滿酷的體驗。

冰島真的是一個活生生的地質大教室啊，每一天親眼看的、親手摸的、親腳踩的，不用做筆記就會牢牢的留在心裡面。

白日夢冒險玩

|
2

1 爬上瀑布後可以看到一片
遼闊。

2 夏天的賽里亞蘭瀑布。

黑沙灘，冰島的地質大教室

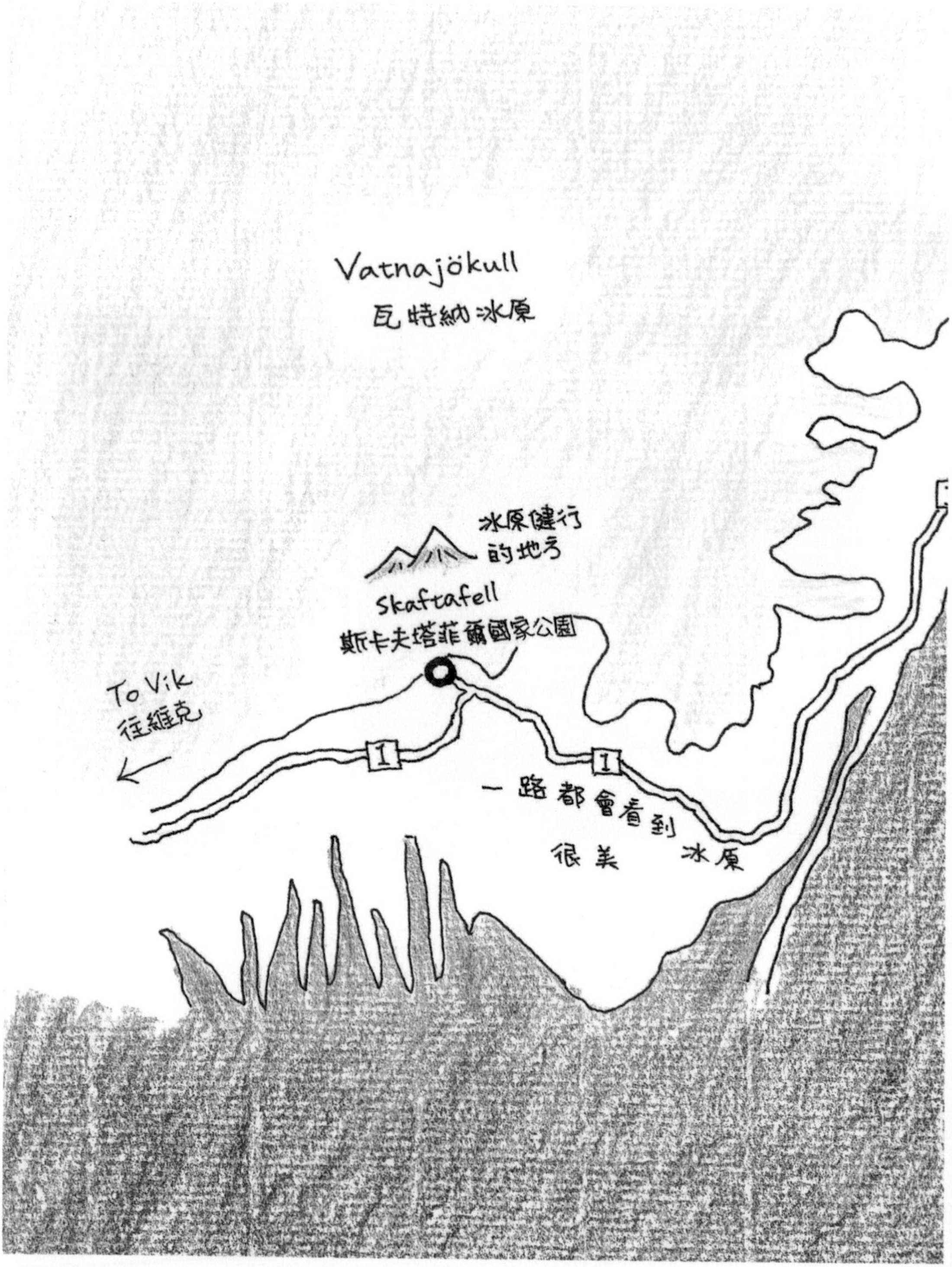

Vatnajökull
瓦特納冰原

冰原健行
的地方

Skaftafell
斯卡夫塔菲爾國家公園

To Vik
往維克

1

1

一路都會看到 冰原

很美

冰原健行，
走在遠古
冰川上

平常只能在電影裡看到、課本裡介紹的大片冰原，來到這裡居然可以直接走在上面，腳下踩著百年、千年甚至是冰河時期的遠古冰川。「冰原健行」也是來到冰島一定要做的其中一件事。

我來冰島兩次，參加了兩次冰原健行，因爲想要看看不同的冰原。而第一次冰原健行時踏上的，就是冰島最大的冰原——瓦特納冰原（Vatnajökull）。

（瓦特納冰原健行活動網址：https://www.mountainguides.is/day-tours/glacier-tours/from-skaftafell/blue-ice-experience）

第一次的冰原健行，我因爲時間沒抓好，在表定的出發時

間 12:00 才趕到活動辦公室外的停車場，竟看到大家已經穿好裝備要出發了。前一天參加冰原摩托車活動是悠閒的穿裝備，比表定時間晚了十分鐘才出發，讓我大意了……（所以還是請大家都要乖乖準時提早到）。還好這時看到兩個台灣人，馬上請他們幫我跟教練說等我一下下，我去停車（這種緊急的時刻可以講中文真好）。

冰島地理小教室

「冰原」是因為大量的降雪不停堆積、擠壓、結冰覆蓋陸地而形成。若是這些冰塊會流動，就稱為冰川。冰川是很巨大的流動固體，冰川的流動會刻劃地形，造成地形改變（例如形成峽谷、峽灣）。

瓦特納冰原是冰島的第一大冰原，也是世界第三大的冰原；世界第一大冰原是南極洲，第二大是格陵蘭（格陵蘭也是世界最大島嶼，位於北極圈內，島上百分之八十都被冰雪覆蓋），第三大就是瓦特納冰原。

雖然瓦特納冰原是世界第三大冰原，面積達到 8100 平方公里（將近四分之一個台灣），平均厚度可達 400 公尺（想像一下快要跟一座 101 大樓高度一樣厚的冰），但是它跟南極洲還是完全不能比。南極洲的面積達 1400 萬平方公里（快要 400 個台灣），冰的平均厚度 2000 公尺（厚度快要四座 101 大樓高度的冰，嘖嘖）。

我們地球的淡水，有百分之七十存在這些冰原中，也就是說，全世界的池塘、湖泊、瀑布、河流的水加在一起，還不到全世界冰原裡儲存水量的一半，我們真的要好好保護這些冰啊！（融了你自己想想看……）

白日夢冒險玩

很有氣勢的女教練講解中。

今天的教練是一位非常有氣勢的女生，她很用力的瞪著我，要我趕快去換裝備，然後說："You should apologize to everyone!"

長到這把歲數好久沒有被人這樣罵了（茶）……我很抱歉的跟大家說了 sorry，就衝進辦公室換裝，五分鐘之後衝上車出發。

車子開了十分鐘左右就很接近冰原了，我們穿著登山靴（我的是在現場租的），拿著冰橇，綁著安全繩（以防你摔到哪裡教練好用鉤子把你鉤住吊上來），拿著一雙要綁在鞋上的冰爪下車。走了五分鐘到達冰原下方後，教練開始教大家怎麼把冰爪綁在鞋子上。

這種要把繩子穿過這個洞、繞過那個洞、轉幾圈然後綁在哪一邊的事，應該是我最不擅長的其中一件事，但是因為剛剛已經給教練惹了一點麻煩，所以這次我用盡全身的專注力仔細想聽懂教練的解說，可是還真的不是這麼容易……但這畢竟事關我們的安全，沒綁緊的話可能會在冰原上摔傷，所以

最後教練還是會到每個人面前仔細檢查，把我們沒有綁好的部分確實綁好。

看著亮晶晶滑溜溜的冰原，想著我真的可以踩上去不滑倒嗎？但是冰爪真的很好用，只要用力踏下每一步，利用身體的重量踩上去，讓冰爪摳住冰原，就非常穩了。每一步穩穩的踩在冰爪上，不要做一些花俏的橫向漂移（誰會這樣？）就不會摔倒，其實還滿簡單的。

在瓦特納冰原那白色藍色的冰層表面，有一些黑色火山灰，黑白藍交錯，讓冰原呈現超帥的立體效果。電影《星際效應》裡面的曼恩星球（那個在上面一分鐘就是地球十年的曼恩星球）就是在這裡拍攝的。我在冰原健行後回台灣進電影院看到曼恩星球好興奮，覺得有一種親切感～

走了一會兒之後發現，冰原健行真的算是老少咸宜，它可以說就是穿了冰爪在冰上散步的一個和緩活動，手上的冰橇也只是一個拐杖的用途，畢竟我們沒有受過任何專業的訓練，只適合來散散步。

白日夢冒險玩

瓦特納冰原。電影《星際效應》裡的曼恩星球。

冰原健行，走在遠古冰川上

而真正的「冰攀」是那種身上綁繩索、拿著冰橇敲進冰裡像攀岩一樣往上爬的活動，是要受過訓練的人才能參加。我們在冰原健行時就看到一組人正在進行冰攀，看起來有夠難，本來覺得冰原健行好像不夠刺激的遺憾也就消失了。

教練一開始就很嚴肅的告訴大家，如果我們走到比較深的冰裂縫附近，她會先站在裂縫旁邊，然後絕對不要有人從他身後走過，他不希望有人需要救援。為了生命安全，大家當然都非常配合。

但是其中有一兩個比較和緩下降的冰裂縫，是可以走進去的，其實就像是一個冰隧道的感覺，教練讓大家排隊一個一個走進裡面。

被藍色透明的冰包圍，真的好夢幻，瞬間覺得自己是《冰雪奇緣》裡的艾莎，很想唱 Let it go～（我好像就唱了），然後在冰隧道的出口，教練會幫大家拍一張被冰圍繞的浪漫照片。我們這一團還有一對西班牙情侶，男生準備好鑽戒，就等在冰隧道出口跟女友求婚，女生也滿心歡喜的答應了～

有了第一次冰原健行的經驗，讓我第二次到冰島時安心的跟 Judy 說：「冰原健行就是一個散步的行程，超級適合你（一位幾乎不運動的孱弱女孩）！」
想不到第二次的冰原健行……

1 2

1 站在瓦特納冰原上。

2 Let it go~~~

2015 年的第二次冰原健行，我們選了米達爾斯冰原的其中一條冰舌，就在一號公路接 221 公路轉進去開一下就到了。

（活動網址：https://www.extremeiceland.is/en/activity-tours-iceland/glacier-hiking-iceland/glacier-hikes-from-solheimajokull/glacier-walk-solheimajokull）

那天到的時候有點雲、有點雨，又有點太陽；冰島的天氣常常這麼複雜。雖然雨剛停，我們還是跟教練說想租雨衣，畢竟如果走到一半下雨又冷又回不來，那就不好了。

這次的教練是一個看起來很溫和的年輕男生

（可能因爲上一個教練那麼有氣勢，更讓人覺得這個很溫和了）。他淡淡的微笑說：「等一下應該不會下雨。」雖然我兩次到冰島十幾天的經驗值告訴我，冰島的天氣好像是無法預測的，但畢竟人家是冰島人，還是每天帶團的教練，所以我就開心的跟他說："Ok, we trust you!"

因爲上一次教練是直接要我租登山靴，所以這次我跟 Judy 也安心的分別穿了帆布鞋和雪靴來，想說反正等一下會租登山靴，想不到教練跟我們說應該不用換鞋，這樣穿就可以了。可是這樣……眞的可以？？

我看過的所有冰原健行的介紹都說一定要穿登山靴，有點難想像冰爪直接綁在帆布鞋和雪靴上是怎樣的一個狀況？但是我這個人最喜歡放心了，如果教練都這樣說，那我一定就是很放心的相信他。我們就安心的出發了。

接著我們就開始走路，一直走路。原本以爲會有車來帶我們，我也跟 Judy 這樣說了，加上 Judy 平常是個連路都不太走的人，所以走了 10 分鐘，她忍不住問我：「車子呢？」

後來還因爲太希望車子出現，而把遠方一台廢棄的車看成要來載我們的車，開心的歡呼說：「車來了！」然後在發現那輛車已經生鏽 and 四個輪子都沒了，快被自己笑死。

車來了...車...

結果我們就這樣走了 40 分鐘，在鋪滿綠色青苔高高低低的火山熔岩上上下下走了 40 分鐘。其實 Judy 不只平常沒在走路，她兩個禮拜前還急性盲腸炎開刀，肚子有三個洞，醫生交代要避免過度的運動，但我真的以為冰原健行都只是在冰原散散步啊……

終於接近冰原了，我一看嚇了一跳！要到冰原還要先走下一個很深的陡坡再爬上去，看起來有點險峻。這……怎麼跟上一次差這麼多？

Judy 轉過來臉色慘白的問我：「你覺得……我真的可以嗎？」

我一向不是會很勵志的說「加油，撐一下就是你的！」那種人，我知道有時撐一下是會出事的……所以我很誠實的跟她說：「你決定吧，如果你不想爬了，我們就回去。」

她想了一下，開始認真的綁上冰爪，決定往前走。我在心裡默默的為她鼓掌加擔心。

還好開始走之後發現，雖然這個坡看起來很陡，但是質地是

鬆軟的泥土，如果真的摔下去應該只會一路滾到底，不會太嚴重（我猜），可是對 Judy 來說，這應該已經是她人生目前為止最大的挑戰了，我可以做的就是拿著相機在後面幫她記錄下這些勇敢的步伐。

開始走之後，我們發現有另一個外國女生的程度可能跟 Judy 差不多，也是有點驚嚇，比較緩慢，需要教練幫助。看來以為冰原健行都只是散散步的不只我們。Judy 很開心有另外一個人跟她差不多，讓她壓力不會這麼大。

| 1 | 2 |

1　我們就這樣走了 40 分鐘。
2　貧脊的火山熔岩只能長出一點苔蘚，踩在上面像是地毯的感覺。

白日夢冒險玩

然後竟然開始下雨了，我的安全帽和外套都溼了，還好我沒有完全 trust 教練，還是背了大背包來，想說下雨的話可以把相機裝進去。背著大背包在雨中行走，有一種在當兵的（苦命）感覺，而且說實在的，穿著帆布鞋和雪靴根本很難走啊！因為鞋子比較軟，有時候用力踩進冰裡，冰爪會移動，真的很怕扭到。

這時教練走過來比了天空一下，還是淡淡的微笑跟我說：

"Sorry, you can't trust me."

看到他整個頭髮、鬍子全身都是雨水，還笑得這麼可愛，那我能說什麼呢……只能說真是難得遇到比我還樂觀的人（也請大家覺得該租雨衣、該換鞋的時候要相信自己）。

還好真正上到冰原一會兒後雨停了，太陽從雲裡露出一點點，站在冰原往下看一片遼闊，好美。

教練把他的冰橇卡進冰原中，讓我們可以輪流用手撐著冰橇、以一個做伏地挺身的姿勢伏下身，親口喝純淨的冰原水。嗯，行軍完來一口冰涼冰原水好讚！還有人拿出水瓶直接裝一瓶回去。

Judy 感動的跟我說，很開心她有堅持，剛剛一路走著已經「分不清雨水、汗水或淚水」，但是她真的站在冰原上了！拿出相機幫她拍了幾張榮耀的時刻，可以分享好朋友挑戰人生極限的喜悅，也是一件快樂的事啊！只能說冰原健行「不一定」是個在冰原上散步的活動，就請大家問清楚活動的內

容，還有衡量自己的體質囉～或是就意外的來個挑戰好像也

不錯（？）。

那天晚上，我們聊著最想要給哪一位師傅按摩，秒昏倒進入

夢鄉。

| 2　4
3

1　上到冰原了，帆布鞋配冰爪的的特別造型。

2　親口喝純淨的冰原水。

3　看起來真的滿嚇人的一個坡。

4　分不清是淚水、汗水或雨水的開心 Judy。

冰原健行，走在遠古冰川上

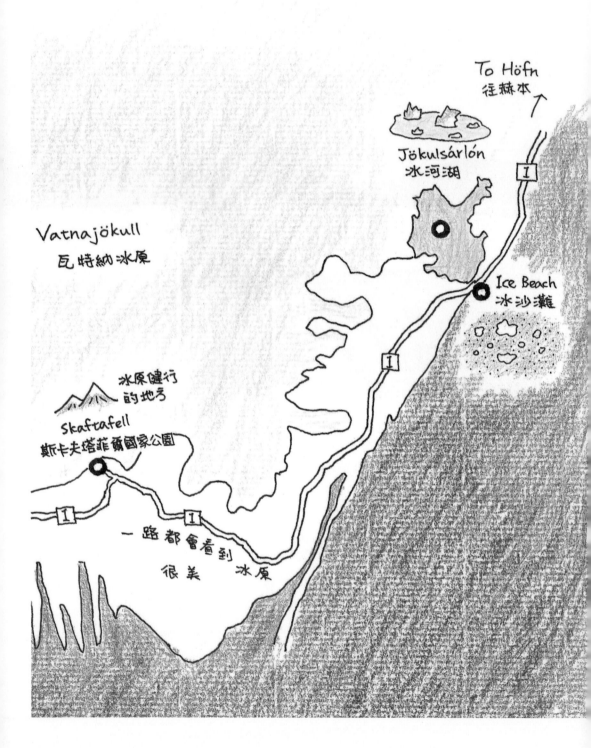

大塊大塊白色藍色透明的冰，各種形狀、各種姿態，靜靜的躺在湖裡，讓人忍不住想走近確定這一切都是眞的。冰河湖（Jökulsárlón），這任誰都會覺得夢幻的景象，也是「看了就知道是冰島」的招牌美景之一，《007誰與爭鋒》、《蝙蝠俠》等多部電影都曾在這裡取景。

第一次一個人到冰島看到冰河湖時，嘴巴張得很大、很久，除了讚歎這也太神奇了之餘，腦中想著的是：這裡沒有特別冷啊，怎麼可以有這些大冰塊在這裡不會融化？

好吧，這就是來之前完全沒有做功課的優點（誤），可以問出一些很蠢的問題，讓我之後恍然大悟～

其實這些冰塊並不是不會融化，相反的，它們就是融化而來

的。冰河湖其實是由冰島最大的瓦特納冰原融化所形成。

第一次來到冰河湖時，我有預期大概會看到怎樣的景象，但是當我停好車，走路穿過灰灰的山丘，出現在眼前的還是讓我怔住了。不只湖中有很多大大小小像網路上看到那樣大塊的冰，很多還延伸到了岸邊，不用搭船遊湖就可以走到冰塊旁邊。
我仔細的推了推冰塊，發現它們就像溪裡的大石頭一樣很穩的站在淺淺的湖岸邊，就小心的站了上去，wow，完全沒問題耶，它就像是一塊比較滑一點的大石頭。這是我這輩子第

| 2

1 冰河湖是因為瓦特納冰原融化而形成。
2 冰河湖上原以為不會融化的超大冰塊。

一次站在一塊「冰塊」上面，平常冰塊就是在可樂或飲料裡面的啊，誰會想到有一天可以「站在」冰塊上？

然後我的自拍魂又開始燃燒了，這麼夢幻的景象，只有我一個人來，當然是用力自拍到滿意爲止！我先探勘好適合站上去的冰塊，然後把腳架擺在岸邊按下十秒自拍，快速衝到岸邊小心站上冰塊，接著進入自己的內心世界自由發揮～

眞的太喜歡這裡了，我來的時候竟然一個人

都沒有。湖水表面結了一層一層薄薄的冰，彼此輕輕融化推擠……我在一片與世隔絕的寧靜裡，站在冰上，聽著冰融化的聲音，好想就這樣讓時間停止下來。

拍了很多超級喜歡的照片後才開始納悶，這不是冰島的大景點嗎？怎麼只有我一個人？上了車往前開就發現，原來真正最有名的冰河湖景點是在隔壁，這裡果然就有知名景點的樣子了，停車場停了十幾輛車（在秋天的冰島這已經可以算是盛況），這邊的冰更大塊，有的比一輛車還大，又是另一種厲害的感覺。

這個景點雖然熱門，但是跟我們平常去過的各種人擠人熱門景點比起來還是算人不多，加上漂亮的大冰都離岸邊有一段距離，所以拍照不用擔心拍到人，大家各自在岸邊找好位置，就可以拍出和大冰塊獨處的冰世界。

也可以坐水陸兩用船遊湖，會有專業人員解說，帶大家更靠近這些大冰，還可以剉一塊歷史悠久的冰來吃吃看。

但是讓我一直忘不掉的，還是那個寂靜無人的冰世界，所以 2015 年我第二次去的時候，帶著也很期待的 Judy 直奔那裡。可能因爲我們這次去時氣溫比較高，那些可以站上去的大冰塊都不見了，變成小小的碎冰。本來覺得有點遺憾，但是這次我們發現了另一個迷人的點：出海口的冰沙灘！

第一次來時完全沒注意到，在冰河湖隔著一號公路的另一邊就是出海口，冰塊們流到這裡卡在沙灘上變成了冰沙灘，也好美喔！！！

一塊一塊像大大小小糖果一樣亮晶晶的冰塊

冰河湖，夢境般的‧冰‧島

在黑色沙灘上，我就是愛冰島這樣不會只是夢幻的夢幻，夢幻裡都還會帶著一些漂撇的帥氣！

冰沙灘上也有一些很大塊的冰，比人還高的。我們好興奮的跑到大冰旁邊，東摸摸、西摸摸，靠在上面感受真實的超大冰塊。

就在我站好想請 Judy 幫我跟大冰塊拍一張的時候，一個白人阿姨突然緩慢的拿著相機和腳架從我們中間經過，一路擋

住我，往我身後的大冰塊走去，我有點傻眼，因為我確定她有看到我們在拍照。

我跟她說：「不好意思，我們在拍照耶。」想不到她一臉不爽的跟我們說：「對，我也在拍照，你們剛剛也擋住我了。」所以……這位阿姨是在耍脾氣想要也把我們擋回來的意思……

真的覺得大家都是出來玩，如果不小心擋住了可以說一下，我們一定會趕快讓開的，有必要這樣跟小朋友一樣耍脾氣嗎……？就在這個 moment，一道浪打上來，直接淹沒了耍脾氣阿姨的整雙鞋……

Oops！她嘴巴念念有詞的回頭看了我一眼。嗯，我人很好沒有笑喔，哈哈（現在補笑一下）。

這個故事告訴我們，出來玩真的可以把心胸放開一點&在冰沙灘跟冰拍照時要注意浪會來喔。

我們又往旁邊走，看到了好大塊平滑的冰，讓 Judy 也可以完成站在冰塊上的夢想。她自從看了我上次的照片，整趟旅程最期待的就是冰河湖。上了車之後她一直跟我說謝謝，說冰河湖、冰沙灘好美好美喔，比照片還要美，她心滿意足了。

是啊，冰島就這麼的讓人無法失望。

在冰島的每天都會覺得，親眼看到的更美。

冰島地理小教室

冰河湖又譯做「傑古沙龍」，是冰島最著名也是最大的冰川湖。它位在冰島東南部瓦特納冰原南端，形成於 1934~1935 年間。由於冰島冰川的大量融化（可能是因為火山活動或是地球暖化），從 1970 年代開始，冰河湖的面積不斷擴大達 18 平方公里，湖深 200 公尺，是冰島第二深的湖。

站在大冰塊上。

白日夢冒險玩

美麗的照片都是這樣來的。

冰沙灘。像糖果一樣的冰配上黑色的沙灘，有一種夢幻加粗獷的迷人。

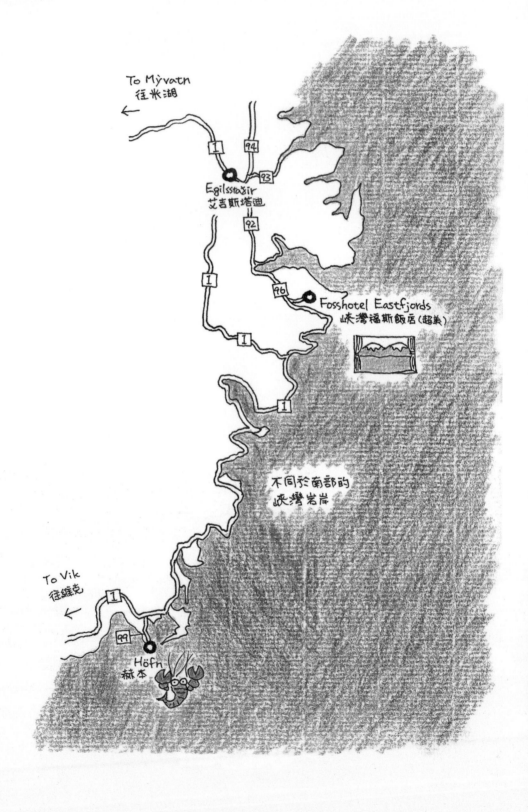

第一次來到冰島東部，是從南部玩上來的。記得前一天風很大，我傍晚來到冰島的東部城鎮赫本（Höfn），本來滿心期待要來喝個有名的龍蝦湯，結果到了民宿頭好痛，直接睡著。第二天早上才發現我的民宿好可愛喔，是一間非常溫馨家庭 fu 的小木屋 share house。昨天只有我一個人住，所以整間房子都屬於我，竟然睡死了，好可惜……

早上女主人來整理，大方的讓我整棟房子每間房間到處看看。她聽著收音機，優雅自在的做著自己的事。陽光穿過玻璃窗上昨夜的雨滴，照在女主人剛摺好的白色床單上，我看見了冰島居家的美麗日常。

雖然聽不懂收音機裡的人在講什麼，但是也一起坐著聽了一

段。上一次聽著收音機已經記不得是什麼時候的事了，覺得我好像在我看過的某個電影畫面裡。

走出民宿逛逛，很喜歡這一區的街道，推薦大家可以在赫本找一間民宿住一晚，體驗冰島小鎮生活的感覺。

第二次到赫本的時候，我跟自己說絕對不要再錯過龍蝦湯了。問過民宿老闆，他推薦了他最喜歡的龍蝦餐廳「Humarhofnin」給我們。從我們住的地方散步五分鐘就可以到，後來上網查了一下，這家餐廳也是知名旅遊網站推薦赫本的龍蝦餐廳首選喔～

（餐廳網址：http://www.humarhofnin.is）。

菜單上除了龍蝦還有魚和羊，不過既然來了龍蝦餐廳，我們就決定龍蝦到底，請服務生推薦餐廳最招牌的幾樣龍蝦料理。我和 Judy 兩個人點了兩碗龍蝦湯，一份整隻龍蝦的主餐和一份龍蝦尾巴的主餐。

一開始的龍蝦濃湯我們就很喜歡，咖啡色的濃湯表面點綴著鮮奶油，一口喝下，湯頭偏鹹，但是充滿龍蝦的甜美，濃厚香味中帶著一點咖啡香（如果我沒喝錯的話），很特別。香醇的鮮奶油把味道都融合在一起，龍蝦肉好多，幾乎佔了整碗湯的三分之一，超海派！冰島的龍蝦肉比台灣的龍蝦肉軟，但是很新鮮，所以還是好吃～

冰島東部，龍蝦和峽灣最對味了

主餐的部分，整隻龍蝦的套餐總共有三尾完整的冰島龍蝦。冰島龍蝦的大小是台灣那種大龍蝦的三分之一吧，會附很可愛的夾子和可以把蝦肉挑出來的小叉子，還有大龍蝦圖案的塑膠圍兜兜，讓我們可以盡情吃得滿手滿臉髒兮兮。如果喜歡蝦頭、蝦膏的人可以點整隻龍蝦餐；如果純粹愛吃肉就點尾巴，會附上起司和蔬菜香料兩種醬汁，可以品嘗濃厚清爽不同的風味。雖然我更愛台灣龍蝦結實的肉質，但是還是推薦大家可以來吃吃看～

離開赫本，繼續沿一號公路往北走，會出現跟南部黑沙灘完全不一樣的海岸景觀。冰島的東部開始出現峽灣。峽灣是因為冰川從高處向下滑動，磨蝕山壁成為峽谷，而當這些接近海岸的峽谷海水倒灌進來，就形成了峽灣。

這裡有很多壯觀的岩岸。站在岩石上往下看，是一個摔下去應該會死的高度，用腳架自拍要很小心。按下十秒自拍，慢慢放低重心爬到岩石邊坐好，還要壓抑內心恐懼做出眺望遠方的表情（幸好我在法國有練過）。

這天是我在冰島風最小最不冷的一天，坐在海邊岩石上竟然很舒服（兩天前在黑沙灘，頭差點被風吹到炸掉），空氣中只有海浪輕輕打在岸邊的聲音和偶爾幾聲海鳥的叫聲。

坐了一會兒發現，這裏的岩石凹凹凸凸，可以讓人慢慢往下爬，接近海面（要下水也可以），爬的過程看到岩石上很多

像淡菜一樣的貝殼打開著，應該是海鳥吃剩的，那種「一看就知道是鳥吃的」感覺很特別。

冰島好乾淨，大自然裡沒有任何人類製造的的垃圾、人類留下的痕跡，已經好久沒有到這麼純淨的地方了。

沿著 1 號公路再往北走，就到了東部的第二個大城市艾吉斯塔迪（Egilsstaðir）。第一次來冰島時，有一天在這個

東部開始出現跟南部完全不同的海岸景觀。臨海浪很舒服，從這裡可以慢慢爬下去。

冰島東部，龍蝦和峽灣最對味了

城市過夜，住到一間我很喜歡的冰島百年旅館 Guesthouse Egilsstadir。

住在這個旅館的晚上，是我第一次來冰島時唯一一天遇到極光指數有 3（極光指數 3 以上有可能可以看到極光，但是 3 算很弱的），又有晴朗天氣的晚上。我調了鬧鐘晚上 11 點起床，決定去碰碰運氣找極光。當我 11 點起來，一看窗外依然是晴朗的星空，就把自己包緊緊的出發了。

出了旅館，發現艾吉斯塔迪算是個不小的城市（跟冰島的其他城市比），到了晚上 11 點多還是有很多燈火。在極光指數 3 的微弱狀態下，大概只有在烏漆媽黑的地方可能遇到極光，所以我必須遠離城市去黑暗的地方找極光。

上路之後，我開始感覺到覺害怕。我平常不是個怕黑的人，

1 2
  3

1　岩石上很多海鳥吃剩的貝殼
2　第二次來冰島東部住的峽灣福斯飯店，
　　非常喜歡，推薦給大家！
3　房間下樓就是整片峽灣美景。

冰島東部，龍蝦和峽灣最對味了

也知道冰島治安超好；島上的動物都是人類帶來的，沒有任何有危險的野獸，但是這個恐懼跟安全無關。一個人要往完全沒有人又沒有光的地方開去，原來真的會害怕……

那是一種很複雜的感覺，你知道你的心想要靠近有燈火的城市，但是你正在遠離渴望接近的地方，往害怕的方向前進，覺得靈魂跟肉體好像要分離了……

等我發現回頭已經看不到燈火時，馬上路邊停車。生平第一次一個人被全然的黑包圍，我發現我竟然一路摸著我的車發著抖下車，這是一個什麼好笑的狀況……

抬頭看了天空，確定用肉眼什麼都看不到。之前聽金星說，他們在冰島時有一天極光指數也只有3，肉眼只看得到天空有霧狀的東西，卻還是拍出了綠色的極光。於是我逼自己加油爭氣點，都來了就算抖也要好好拍！

架好腳架胡亂調了一下數值，拍了一張照片（還很怕拍出什麼奇怪的東西），發現天空真的沒有極光後，竟然很開心，馬上跳回車上發動車子奔回城市。這輩子從來沒有這麼渴望看到燈火……回到旅館抱著棉被好好的睡了一覺。

原來我這麼怕黑……（菸），那一個人該怎麼去找極光呢？（沈思）每一個不曾有過的體驗，都是最珍貴的體驗。感謝冰島，我喜歡探索未知，也用未知探索著自己。

1 2

1 百年旅館 Guesthouse Egilsstadir 的秋色
2 旅館前的馬。這樣看得到路嗎？

冰島東部，龍蝦和峽灣最對味了

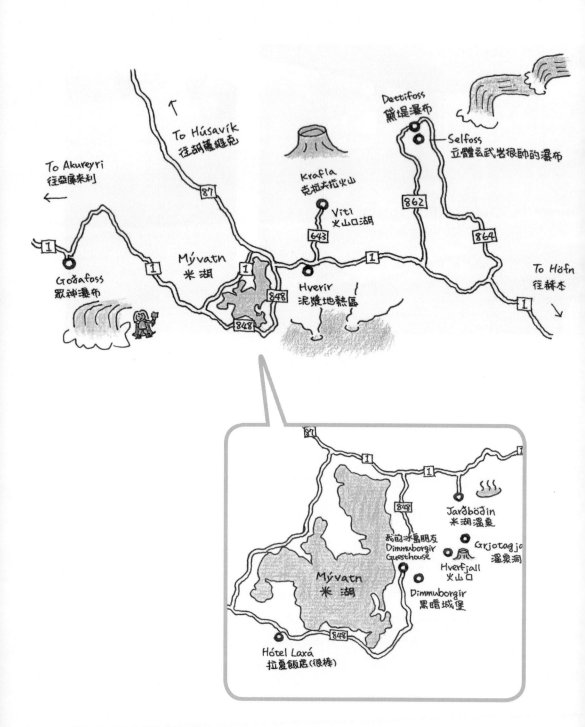

米湖，不只是一個湖

第一次聽到米湖，覺得好像是什麼食物的名字，回來之後上網查了才知道，米湖的原文是"Mývatn"，Mý發音「米」，vatn是「湖」的意思，所以就譯做「米湖」。但"Mý"其實是「蚊子」的意思，所以米湖就是蚊子湖（這樣好像比較懂爲什麼要叫米湖了）。米湖本身是個漂亮的湖，湖的附近眞的很多蚊子。

米湖周邊有很多值得觀賞的火山地理景觀，像是火山口、溫泉湖、泥漿噴泉、克拉夫拉火山地熱發電廠、火山口湖……等，還有帥氣的眾神瀑布（Goðafoss）和歐洲水量最大的黛堤瀑布（Dettifoss）。米湖地區在1974年被冰島政府規畫爲特別保留區，也成爲冰島北部很重要的旅遊點。

2014 年的第一次冰島行，我由東往西開向米湖地區時，就被這段一號公路沿路景象給深深吸引。這一區有很多灰色的小山頭，一個一個站在廣闊起伏的大地上，小山頭上有著白色積雪，有一種蒼涼又美麗的感覺。但我 2015 年第二次來時完全沒有積雪，只剩灰色山頭，好像就只剩蒼涼了⋯⋯所以冰島的樣子真的被天氣完全影響啊，我還是喜歡有冰雪的冰島！

慢慢接近米湖地區時，遇到的第一個大景點是要轉 862 號公路開去的黛堤瀑布，是歐洲水量最大的瀑布。這段路單程就要開 30 分鐘，而且是跟一號公路垂直的方向，所以來回要

1 米湖本人，是很美的一個湖，面積 37 平方公里，深度 2.5 公尺。

2 由東向西往米湖的一號公路景。一個一個白雪覆蓋的灰色山頭，如果沒有雪，灰灰的一片就有點像礦坑。

花掉一個小時，但是絕對值得。

到了停車場停好車，還要走一段路。這一個景點可以看到兩個瀑布，往上游走是西爾瀑布（selfoss），下游則是到黛堤瀑布。我先往下走去黛堤瀑布，親眼見到歐洲水量最大的瀑布眞不是蓋的。黛堤瀑布的寬度 100 公尺、高度 44 公尺（歐洲最高的瀑布），站在瀑布旁邊，覺得眼前洶湧而下的水流形成一棟超級大樓，這些水是從上游瓦特納冰原融化而來的。那股洶湧的氣勢也讓電影《普羅米修斯》在這裡取景拍攝，電影一開始白巨人就是從這裡跳下去，成爲物種的源起。嗯，這氣勢，眞的不需要特效就能成爲科幻

大片的物種源起之處！

往上游走大約十分鐘就會遇到另一個西爾瀑布。它雖然沒有「歐洲水量最大瀑布」這樣厲害的頭銜，但是兩邊河岸的立體玄武岩好帥，遠遠看著瀑布奔下寬闊河谷，又是另一種美感。本來想要走近瀑布，但愈靠近瀑布愈溼滑，還積水，也沒有圍欄，看到幾個裝備很厲害的攝影師都是穿著專業防滑登山鞋才走過去，我很怕一不小心滑下去一路衝到下游成為物種源起……所以就放棄繼續靠近了。

離開瀑布再度回到一號公路，過不久就要到克拉夫拉火山了。這時突然發現 GPS 把我導向一條很不像路的路……我幾乎是開在土上面，這條路就是兩條輪胎痕的土啊，還好四輪傳動車開在凹凸不平的土上還 ok。我以時速 60 公里左

2　3

1

――――――

1　歐洲水量最大的戴堤瀑布

2　這算路嗎？但你看 GPS 真的說它是
　　一條路耶……

3　西爾瀑布。很喜歡河岸立體的玄武
　　岩。

右前進，突然，眼前出現一個垂直高度大概一公尺的落差，整台車飛了起來！不誇張，真的是飛了起來，人生跑馬燈在我眼前閃過……然後「砰」的超大一下撞擊、落地，我覺得自己的五臟六腑跟車上的東西一起都飛了起來，撒了一地……

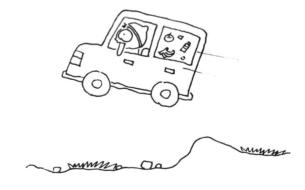

這應該是我這輩子撞得最大力的一次，我還以為我在拍《玩命關頭》（時速 60 就撞成這樣了，電影裡的人是怎麼活著的）……驚魂未定的直接把時速降成 20，仔細聽聽車子有沒有什麼奇怪的聲音，還好沒有……

謝謝我的 Kuga 好厲害啊！對不起，剛剛把你撞了這麼一大下……然後 GPS 請問這真的算是條路嗎？！！到底為什麼叫我這樣開？！！

龜速開了 10 分鐘，總算接回 643 號公路（各位，往克拉夫拉火山根本就應該是這條路）。一路往上開，看到冒著煙的克拉夫拉火山發電廠，山上積雪了，路面被積雪覆蓋，但是 Kuga 還是穩穩的往上開，今天整個很慶幸自己有租四輪傳動車。

維堤火山口湖。有雪時像糖霜甜甜圈。

白日夢冒險玩

遠方冒著地熱的白煙，山上積雪，需要四輪傳動車才能爬上來。

爬上克拉夫拉火山還可以看到維堤火山口湖（Viti）。Viti
是地獄的意思，因為古時候當地人認為地獄就在火山下面，
所以取名 Viti。火山口湖是因為火山爆發後的火山口積水形
成，我覺得長得很像做麵包時堆起來的麵粉挖個洞後在裡面
打蛋的樣子，圓圓一圈很可愛。

我兩次來冰島都有來維堤，一次有積雪，火山口湖就像一個
糖霜甜甜圈；一次完全沒有雪，露出地上的黃土，那些火山
口的黃土好黏，才走沒幾步我的鞋子就變成一雙超級厚底
鞋，邊走邊增高，愈走腳愈重⋯⋯

米湖，不只是一個湖

沒有雪時的火山口湖露出黏黏黃土，藍綠色湖水好美。

這裡比較高，氣溫低，風又大，我已經戴了毛帽還是覺得被風吹到耳朵要掉了，但是美麗的藍綠色湖水讓人忍住冷風好好跟它拍了照，要離開的時候每個人都在路邊用力的想刮掉鞋底厚厚黃土，好像是什麼團體活動。

前往今天的最後一站泥漿地熱區（Hverir），就在 643 號跟 1 號公路交叉口的對面，範圍很大。對於我這個北投長大的小孩來說，好像來到地熱谷，但是這裡的地熱噴氣當然更大更厲害，只是不能煮蛋就是了。和噴氣一起做些龜派氣功的姿勢是一定要的，哈哈！我在自拍的時候一些經過的遊客疑惑的看著我，還好我早就練就旁若無人的功力～看完泥噴泉

差不多傍晚了，上車前往今天的民宿，就在米湖畔。

第一次到米湖時，我住的民宿 Dimmuborgir Guesthouse 在米湖邊，從窗戶就可以看著米湖，位置很棒。

冰島許多旅館或民宿都有很大的窗，讓人可以欣賞風景，但是如果房間在一樓，拉開窗簾看風景，外面經過的人也可以清楚看到房間裡的人，覺得自己好像櫥窗擺飾，滿奇妙的感覺，還好也不常有人經過就是了。

Dimmuborgir 是黑暗城堡的意思，這裡是由很多巨大火山岩組成，有些洞窟大到可以住人。聽說米湖這區的地面非常接近正月球的表面，所以之前美國太空總署（NASA）曾經讓太空人來這裡受訓。

泥漿地熱區。這裡有泥漿噴泉，龜派氣功來一下！

米湖，不只是一個湖

隔天早上吃早餐時，看到民宿的起居室有兩個女孩在玩，開心的跑進跑出，吸引我注意的是她們竟然穿短袖！那天溫度大概3、4度吧，風很大，我知道冰島人一定比我不怕冷很多，但這也太厲害……

吃完早餐，餐廳只剩我一個人，兩個小女孩很有興趣的看著我，她們開口跟我說的第一句話竟然是："Do you eat dogs?"我傻眼的用力搖頭說no，她才點頭露出友善的微笑說："We love dogs!"

"Me too!"我大聲說（到底是誰讓他們覺得亞洲人會eat dogs…），然後我就好像通過考驗了，她們開始跟我聊天。她們兩個是好朋友，這間民宿是其中一個女孩家裡經營的。聊了一會兒，我拿出手機想跟他們拍照，她們跟我說：「你的手機好棒喔，是iPhone, 我們只有Samsung的……」原來冰島也有Samsung＆冰島年輕人也比較愛iPhone……XD。我跟她們說我好愛冰島喔，第一次來就愛上，希望還有機會來，可以出一本冰島的書，她們很開心的問我：「我們會被寫在書裡嗎？」

「會啊，如果我出冰島的書，你們一定會在裡面！」我笑著跟她們說。

我們互加了FB，我交到了人生中第一和第二個冰島朋友，她們不時會拍照上傳FB標籤我，讓我坐在電腦前寫冰島、想冰島時，可以看到米湖下雪的夜晚。

而且米湖下雪的夜晚，女孩一樣穿著短袖（然後我坐在我房間穿著羽絨衣寫稿）。

其實圍繞米湖一圈也有很多值得去的景點，礙於時間，我沒有去走，我把它們整理出來簡單介紹一下，也標示在地圖上給大家參考，大家也可以上網 google 照片，看是不是自己有興趣的地方。

黑暗城堡（Dimmuborgir）：許多奇形怪狀的巨大火山岩。傳說這裡連接了地球和地獄，北歐傳說則說這裡是撒旦降臨的地方。

火山口（Hverfjall）：可以爬上山觀看整個壯觀的火山口。

溫泉洞（Grjotagja）：美麗的水藍色洞窟溫泉。影集《冰與火之歌》第 3 季第 5 集中，故事主角雪諾（Jon Snow）和耶哥蕊特（Ygritte）就在溫泉洞裡談情說愛。

另外特別要注意的是，聽說米湖附近蚊子多的時候可以多到很誇張，我們去時剛好沒遇到，網路上還有人建議在附近走走的話要戴面罩，看來蚊子湖真的名符其實。

要離開米湖前，還有另外一個重頭戲，就是米湖溫泉（Jarðböðin），這裡跟冰島有名的藍湖一樣是美麗 Tiffany 藍綠色的溫泉水，但是人少很多。

開往米湖溫泉的路上會看到一個藍綠色溫泉，千萬不要開心的跳下去，這個湖的溫泉水高達攝氏 100 度，旁邊有請勿下水的牌子，要再轉彎往上走才會看到可以泡溫泉的地方。

這個可以泡的米湖溫泉其實是人工潟湖，熱水是從附近的

米湖溫泉夢幻的 Tiffany 藍綠色泉水好舒湖～～遇到一對加拿大情侶，女生來過台灣遊玩，我們就聊起來了。

電力公司引導過來的，原本 100 度的熱水，到這邊降到約 36~40 度。

我來的那天剛好下著雨，非常適合泡溫泉，但是我忘記帶海灘褲了。現場可以租泳衣，是連身的那種，我才不要穿那樣跟這麼美的溫泉拍照，所以我決定上半身穿運動內衣，下半身租泳褲。

在女廁淋浴完，把浴巾拿掉要走出室外下水前，大家都在看我——一個上半身穿著運動內衣、下半身穿著男性四角泳褲的人。雖然我知道冰島是世界上對性別平等表現最好的國家，但我還是讓這些女生們疑惑了（畢竟就算性別平等，女廁還是不應該有男子出現），所以我就假裝很冷（也真的很冷）的直奔出去，奔進溫泉裡～

　　一下水我的內心就大喊：好舒湖～～～～這種天氣就是溫泉天啊！

米湖溫泉的水溫跟台灣的溫泉比起來沒那麼熱，而且不同的地方溫度還會不一樣，可以自行移動找出最喜歡的位置。我個人是還滿喜歡這樣不會太熱的水溫，可以泡久一點，每次在台灣泡溫泉都只泡一下下就覺得自己要熟了。

漂浮在夢幻的藍綠色溫泉裡欣賞廣闊的冰島天空，又一個冰島必做 to do list，打勾！

離開米湖往西走，會遇到也很厲害的眾神瀑布（Goðafoss）。這個瀑布是 8000 年前一次火山爆發造成大地震，使河川斷成這樣一個高 12 公尺、寬 30 公尺的瀑布。而眾神瀑布的名字由來也很有趣，據說是因為西元 10 世紀時，冰島決定皈依基督教，所以當時的法律仲裁者（被委任決定冰島信仰的那個人）就回家把原本信仰的北歐神像都丟到瀑布裡而得名。很多人都在討論屬於北歐諸神之一的雷神索爾是不是也被丟進去了，哈哈！不過聽了這個傳說後，站在眾神瀑布旁，好像真的感覺得到眾神憤怒的咆哮，水聲超大！

往下游走一段，河水變成清澈透明的藍綠色，這樣的河水看著就好舒服，覺得身心靈都被淨化了（合十），就在眾神瀑布的美麗河水中，結束了米湖之旅。

北部的米湖區就好像南部的金圈一樣，是塊大寶藏，短短兩天走一趟，收穫滿滿。

白日夢冒險玩

轟隆隆的眾神瀑布

往下游走，河水呈現清澈透明的藍綠色。

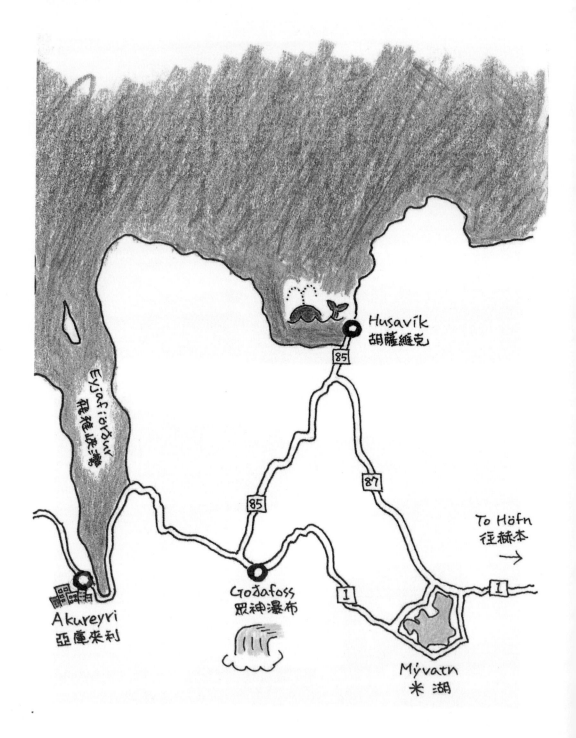

Husavík
胡薩維克

Eyjafjörður
飛雅峽彎

85

87

To Höfn
往赫本 →

85

1

1

Akureyri
亞庫來利

Goðafoss
眾神瀑布

Mývatn
米湖

第一次來冰島的時候沒有賞鯨，第二次在準備行程時看到賞鯨的活動介紹就好心動，雖然很多地方都可以賞鯨，但是很想在冰島出海看看。之前只有在陸地上看著美麗的冰島海洋，這次想要真實的接近、走進，想要真的在冰島的海上。

查了資料，看到冰島東北邊的胡薩維克（Húsavík）是個風景優美又以賞鯨著名的小鎮，就安排了在胡薩維克住一晚，隔天參加中午的賞鯨活動。

隔天到達胡薩維克是下午，我們從米湖開了很長一段光禿禿的路才來到這裡，所以一進這個小鎮就覺得很開心～小鎮很有小鎮的 fu，有很多可愛的冰島房子。冰島的房子看起來跟

一般歐美的房子很像,但近看會發現它們很多是鐵皮屋,因為鐵皮屋可以吸收太陽的熱度,讓屋子更暖。看到冰島的房子才發現鐵皮屋也可以長得很好看啊,台灣真的太多沒有美感的鐵皮屋了,讓鐵皮屋蒙上了不白之冤。

我們跟著 GPS 卻找不到要住的民宿,在沒什麼人的路上到處看看想要問人,過了一會兒終於看到一個騎腳踏車的阿公,拿出地址給他看之後,他跟我說:"Follow me!"就騎著腳踏車在我們的車子前面帶路,帶我們穿進小巷,一路還會伸手跟我指示方向,要左轉就舉左手,右轉就舉右手,好像在打方向燈,超級可愛。我們就這樣跟著他找到了這天的民宿 Guesthouse Sigtun。

Guesthouse Sigtun 是一間大房子,有很多房間,大家一起共用廚房和兩間衛浴。我們到的時候已經有房客了,是一對

法國情侶和三個大陸來的年輕人。老闆帶我
們到一間有六張床的房間，很阿莎力的說，
這間就你們的了。兩個人住六張床的房間好
素喜～

晚上大家都在廚房吃泡麵，好像約好了一
樣，連法國情侶也吃得津津有味。其中一個
大陸的年輕男生很友善，我們聊了起來，他
跟我們說哪裡可以買到好吃的泡麵（因為我
們帶的泡麵要吃完了很傷心），我們跟他們
分享觀賞海豹的地圖。隔天早上大家一起吃
早餐的時候，我不知道該怎麼把烤麵包機裡
的吐司拿出來，差點伸手指進去挖被燙死，
法國女生優雅的幫我按了一下按鈕，讓吐司
順利跳起來，我們交換了一個奇妙的微笑。
嗯，我喜歡旅行中各種善意的交流。

隔天早上下著細雨，還好到了我們要出發時
雨就停了，Lucky！先到賞鯨中心拿票，櫃
台小姐跟我們說：「請盡可能穿暖一點，相
信我！」兩個非常怕冷的台灣人聽到一個海
邊小鎮的冰島人這樣說，心頭一驚，馬上回
車子打開行李箱拿出發熱衣、發熱褲塞進衣

褲裡，穿上最厚的一件毛衣和羽絨外套。出發前大家都還要穿船上幫大家準備的連身防風衣和雨衣。冰島的雨衣好厚重，感覺是直接把那種屋頂的遮雨帆布穿上身的感覺，可是雨衣的功能不就只是防水嗎……？很疑惑為什麼要做得那麼厚，穿了之後覺得自己像一個塑膠衣櫃。

船一出海，除了預料中的很冷之外，還很晃……之前從網站照片上覺得船看起來滿漂亮的，完全沒想到可能會很晃這種事（漂亮跟會不會晃到底有什麼關係？），到出海前 Judy 問我船會不會很晃？會不會很恐怖？我還笑她說：「才不會咧，你也想太多～」結果剛出海就發現是真的晃啊……心裡覺得不妙，轉頭一看，發現 Judy 坐在椅子上，兩隻手臂呈現一個大鎖的姿態把自己鎖在欄杆旁邊，一臉萬念俱灰。這……今天賞鯨的行程是三小時，而且是一條無法回頭的路……我無法像上次冰原健行那樣瀟灑的跟她說：「你想回去我們就回去吧～」只好告訴自己要假裝不覺得船很晃，不然她應該會更緊張。

白日夢冒險玩

船上一個帥帥的年輕男生拿著麥克風向大家講解賞鯨的知識，他的口音是我在冰島聽過最重的（冰島人的英文幾乎都很好，也沒什麼口音），我除了一直聽到 "humpback whale"（座頭鯨）其他什麼都聽不懂，讓我很確定今天會看到的一定是座頭鯨。本來想要靠聽解說讓我轉移一點注意力，卻愈聽愈無力，而且愈往外開船愈晃，我們是以一個跟浪垂直的方向開，當浪一波一波來的時候，船已經左右晃動到一個海水直接可以流進船身的程度，我覺得我好像在六福村。

開了快一個小時終於到達賞鯨點，船停下來在海上等待鯨魚的出現，原本以為終於可以喘口氣，想不到船不開原來更令人想吐⋯⋯

因為沒有前進的速度，我們整艘船像一片落葉在海上盡情搖晃著。

船上的一個白人女孩已經吐到不行，我看 Judy 也一臉痛苦的趴在欄杆上。她緩慢的轉過來看了我一眼。「你有吐嗎？」我問她。她跟我搖搖頭之後就轉回去大吐，整個像開水龍頭一樣把我們剛剛在超市買到的、覺得非常好吃、賞鯨完還要再去買的泰國泡麵都吐出來了，我想我們等一下應該不用買了。就這樣，她跟身旁的白人女孩此起彼落組成了嘔吐雙人組。

1 2
   3

1 可憐的嘔吐雙人組。會暈車暈船的人記得要先吃藥喔。
2 好帥的背
3 好美的尾

口音很重的帥哥站在船的最高點幫大家找鯨魚，突然聽到他激昂的聲音，他告訴我們 10 點鐘方向有鯨魚出現，這次我有聽懂！大家都抓著相機衝向船頭，船長也馬上開往鯨魚的方向。船一開動，我跟相機差點一起飛出去，船頭更晃啊！

但是我看到了！！！鯨魚的噴氣！這時我一手抓住欄杆，單膝跪地，一手抓住相機瞄準鯨魚猛拍，我覺得我掉下去沒有關係，但是相機掉下去我真的會哭，這次的美景都靠這台了。隔壁的壯碩男子拿著一台大砲還有很帥的迷彩防水套保護，我怎麼完全沒想到防水這件事……然後發現站在船頭的人每一台相機都比我還大，裝備好齊全，大家各自抓著身邊的欄杆穩住猛拍，不時會有一陣浪打上來，大家就驚慌的把相機拿高，整個超級忙，然後麥克風帥哥就不停幫我們找鯨魚，只要一看到噴氣，就會播報方向，船長就加速開過去。我們大概遇到了五、六隻鯨魚，看到每一陣噴氣都會讓人心頭一震，雖然沒有遇到像廣告海報上那樣整隻跳起來的鯨魚，但是看到鯨魚躍起擺腰甩尾充滿力與美的弧度，已經很滿足。雖然鯨魚只露出背部，但是我們可以清楚看到牠水面下的大身體，牠們不太怕人，自在的在我們船邊噴氣，游泳，躍起，真的就像這間賞鯨公司的名字 "Gentle Giant" 一樣，是個

溫柔的大個兒，讓人很想跟牠做朋友（如果牠願意的話）。

當我專心地賞了很多鯨拍了很多照片後，熊熊想到 Judy 還好嗎？這一趟追逐鯨魚的折騰她還挺得住嗎？趕快走回船身，竟然看到她拿著 GoPro 站著跟我說：「我剛剛有去拍影片喔！」這……這簡直跟看到坐著輪椅的人突然在眼前站起來一樣不可思議啊。她說有點事做讓她不這麼想吐，原來，鯨魚還可以止吐！

又一路搖晃著，終於我們要回到岸邊了。白人女孩還在吐，Judy 經過鯨魚的加持好像愈來愈好了。帥哥拿了藥問她需不需要時，她還指著那位白人女孩說：「她比較需要。」（竟然可以說別人……）最後帥哥端了很多杯熱可可和麵包給大家。雖然我沒有吐，但是也到一個臨界點了，看到船上的大家可以津津有味的喝著熱可可、吃著麵包，真是由衷的佩服……

上岸後，回頭看到了一幅像明信片一樣的景色，高高低低的船桅點綴在連綿的白雪山頭，我拿起相機幫這次賞鯨之旅拍下完美的 ending。這是一個我覺得一定要來但是一定不會再來的活動。

推薦給大家來一次看看！

上岸時回頭看見的美景

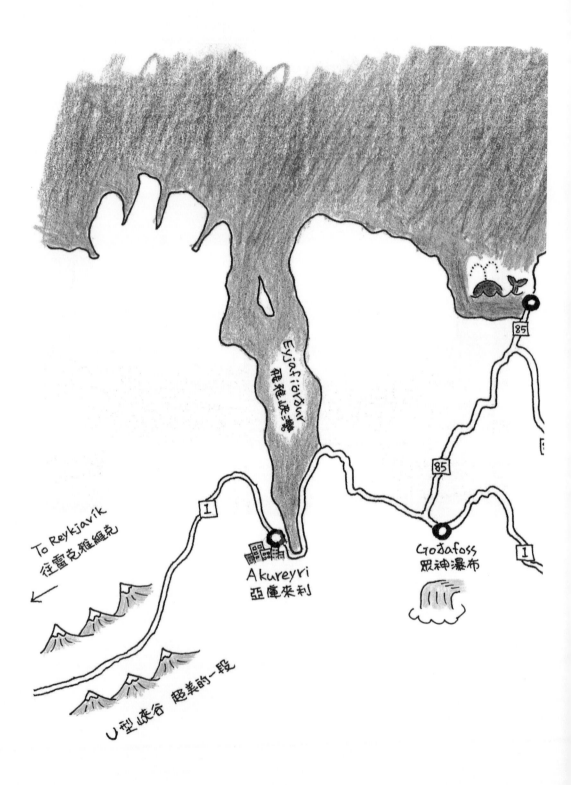

Eyjafjörður
飛雅峽灣

To Reykjavik
往雷克雅維克

Akureyri
亞庫來利

Goðafoss
眾神瀑布

U型峽谷 超美的一段

亞庫來利（Akureyri）是冰島北部最大的城市，也是冰島的第二大城，僅次於雷克雅維克。雖然規模跟雷克雅維克還是有一段差距，但已經可以算是「城市」等級（不是小鎮）。在冰島大概就這兩個城市會給人「哇，是城市耶！」的感覺。

第一次來冰島時，因為只有十天的時間，想要好好探索冰島的美景，所以只安排在某一天的下午路過亞庫來利。路過的那天下午剛好下著雨，想不到這個城市竟然讓我好快樂啊！這樣說聽起來有點奇怪，哈哈，很快樂的原因是本來這趟冰島行都沒有預期任何城市行程，又一路都在野外，所以熊熊在一個溼冷的陰雨天走進充滿咖啡香的書店，看到歐洲風格

的街道，對於我這個歐洲控來說還是沈醉了。亞庫來利的街道顏色很 colorful，街道看出去就是一片峽灣，很符合一直以來我心中的北歐城市形象。

小小的主要市區沒幾間店，一會兒就逛完了，我回到書店又待了一陣子，多聞了一些咖啡香。這個亞庫來利的大書店賣很多紀念品，還有很多介紹冰島的書，光是各種攝影集就讓我站著看了快一個小時，冰島拍起來真的太美了啊！看看大師們都怎麼拍也可以偷學一點～最後找到了自己最喜歡的攝影集，雖然一本大概快兩公斤重吧，還是扛了兩本回去。

第二次來冰島的時候，安排了一天住在亞庫來利。我們訂了一個有廚房的小公寓 Saeluhus Apartments & Houses，亞庫來利市中心外圍有許多比較現代的住宅區和大型超市、加油站，有點像美國社區的感覺。

我們到的時候大概是傍晚 5 點多，管理公寓的人已經離開了，我們照著訂房時的指示：「3:00 以後到達的房客，請自行到辦公室拿鑰匙。」進了辦公室發現沒有人，可是有一個像小郵筒的東西，在那個小郵筒輸入公寓工作人員傳給我們的密碼後，就掉了一支鑰匙出來，好酷，好像在拍 Mission Impossible 要一路闖關的感覺。拿著那支鑰匙到了我們的公寓外面，看到整排整齊白色的小屋子，很像樣品屋，可是一打開門我們都驚呼了，一個精緻的小公寓，夕陽從大落地窗

亞庫來利

北歐街道讓歐洲控還是沈醉了。

亞庫來利，偶爾享受個城市吧

白日夢冒險玩

照進來，窗外是峽灣山景和一片黃葉秋色，這應該可以列入都市人心目中的夢幻套房，好想買一間！

本來想用美麗廚房來煮個什麼的，但是去超市逛了一下就被一隻香噴噴的大烤雞吸引，買回來熱呼呼配泡麵好滿足～廚房就讓它乾乾淨淨吧。

隔天天氣很好，我們就在這城市走走，吃午餐。其實上次來就很喜歡亞庫來利往西那段1號公路的景，但是昨天開來時一路都在下雨，覺得好可惜。看看今天的行程只有安排兩個小時的車程，我們決定那就往回開吧，美麗的景值得我們專程開車去找它！

往回開了之後真的很謝謝自己有做這個決定，我在這裡也要跟大家鄭重推薦亞庫來利往西的這段1號公路。這整段的特色是U型的峽谷，這樣U型谷又叫冰川谷，因為是冰川向下滑動侵蝕出來的。這一段路天氣好的時候景美到不行，陰天時雪比較多又是另一種蕭瑟帥氣，天氣不好的時候開在這條路上，甚至會讓人有一種望而生畏的感覺，但

亞庫來利，偶爾享受個城市吧

U 型谷底的小房子

我喜歡這種感覺，邊恐懼邊讚歎著。

冰川谷谷底平緩，山勢陡峭，橫剖面呈拋物線型，類似字母U，開著車在其中，兩旁的山離我們很近，近到你可以沿著地面一路往上清楚看見岩石的紋理，清楚看見上頭覆蓋的積雪，清楚看見山頭消失在雲霧中，清楚想像你甚至路邊停車就可以沿著岩石爬上山去，爬上那一個一個孤傲的山頭，上面的風景會是怎樣的孤絕？這些離我好近的白雪山頭，讓我覺得它們好像有了生命，讓我想要看清楚它們身上的故事，想像著它們是怎樣站在這裡，在我出現之前的千萬年，在我消失之後的千萬年。

這也成為我深愛著冰島的第 100 個原因。

亞庫來利位在冰島最長峽灣飛雅峽灣的底部，從對面拍過來可以拍到城市的全貌。

U 型的峽谷是冰川刻畫出來的。

亞庫來利，偶爾享受個城市吧

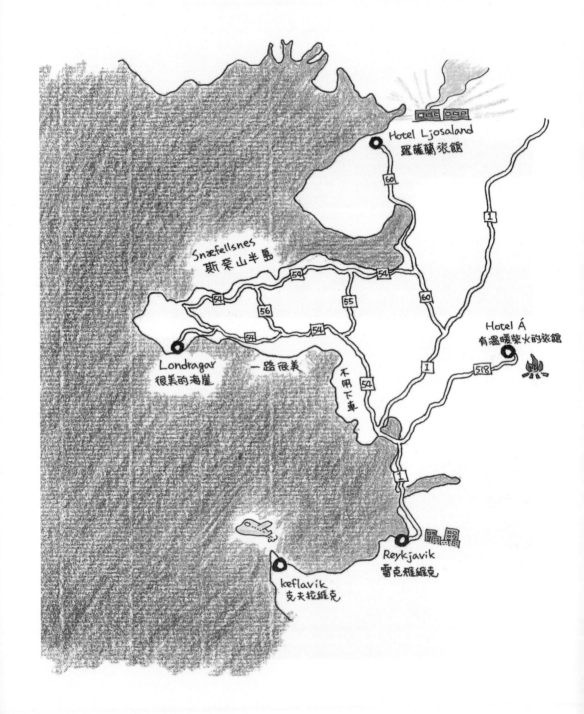

Hotel Ljosaland
羅薩蘭旅館

60

1

Snæfellsnes
斯奈茨山半島

54   54

54   60

56   55

Hotel Á
有溫暖柴火的旅館

54

Londragar
很美的海崖   一路很美

1   518

不用下車

54

1

Keflavik
克夫拉維克

Reykjavik
雷克雅維克

很多人安排冰島的環島行程，會選擇最大的一號公路環島一圈，我的第一次冰島行也是這樣安排的。而一號公路，並沒有經過西北部充滿峽灣的半島，也略過了西部的斯奈山半島（Snæfellsnes），所以我的第二次冰島行，我就想來這一塊上次沒有經過的地方。

但是上網想查資料，卻查不到什麼真的清楚的資訊，旅遊書也都沒有提到這個地方，可以說是連它到底長什麼樣子都不知道。抱著第一次來冰島幾乎沒有一個地方讓我失望的極大信心，我決定就算不知道它長什麼樣子也要來探險。

在 google map 上一看，發現這區充滿很彎很彎的峽灣，面積不大但環繞的路程很長，所以我就決定花三天來好好繞繞

（後來在冰島買的一本書裡看到，冰島西北部那小小一塊突出的半島就有 50 幾個峽灣，佔了整個冰島峽灣的 3/2）。

而果然，冰島還是沒有讓我失望，太慶幸第二次有安排西邊的探險，讓我看到了更多冰島的驚奇，而且超級幸運的，在這三天的西部行中，連續遇到了三天的大晴夜晚＋各種極光，把上一趟沒看到極光的遺憾全部補足。

這趟冰島西部之旅我就改由順時針方向來介紹（從西往東），想讓大家跟著我們第二次旅行的步伐，一步一步的發現驚喜！

我的第二趟冰島環島之旅，是從雷克雅維克出發往北順時針走。來到冰島的第二天晚上，就住在距離雷克雅維克一個多小時車程、54 號公路旁的 Hotel A。

到的那天下午雨下不停，溼溼冷冷的天，很幸運的 Hotel A 有一間有著超大落地窗＆傳統大火爐的餐廳，我們就烤著溫暖的爐火聽著柴火霹哩啪拉的清脆聲音坐在窗邊欣賞雨中的冰島，晚上吃了一頓很棒的晚餐。

翻開地圖，隔天的行程是要環繞斯奈山半島，google map 顯示這趟路車程要四個多小時，因為完全不了解路況如何，又是離開一號公路的探險，我們決定如果天氣不好，就不繞太遠，挑近一點的路走，畢竟以我這麼愛走走停停到處拍的

在 Hotel A 路上遇到的無地紅狄鵝（1 號與 64 號交叉口）

tempo，一天四個多小時的車程真的很長，一切彈性決定。
結果拿了地圖問了櫃檯的服務人員，他帶著微笑堅定的跟我
們說：「你們一定要繞到斯奈山半島的最西端，那裡絕對值
得！」 這應該是我從準備要來冰島西部以來，得到的第一個
真正關於西部的資訊，又是當地人堅定提供的，所以我們決
定今晚早點洗洗睡吧，明天把握時間一早就出發！

隔天一早起床又是陰雨綿綿，但是今天的雲有高有低剛好讓
遠方的山露出頭，才發現這裏的景也好美啊，昨天整個被雲
遮住都看不清楚。冰島的千變萬化地形加上千變萬化天氣相

又雲又雨又晴的奇幻旅程

乘，就成了千千萬萬變化的不同樣貌，就算每年來走一樣的路線，我想每一次都可以看到不同的景色，拍出不同的照片。

昨天櫃檯先生指著地圖跟我們說，我們今天的路程，前兩個小時這段沒什麼好看的，可以不用下車（好難得冰島有這麼不用下車的地方），果然，這段路真的有點普通，就一片火山熔岩沒有太大變化，加上雨也一直下，讓我可以沒有殘念的專心開車。

開了兩個小時左右接近斯奈山半島的西端時，雨就停了，在一個轉彎的下坡，看到一整片雲掉下來好夢幻，然後發現遠方好像是海耶，海上好像還有太陽，就在一整片掉下來的雲的盡頭。

果然前方愈開愈明亮，整片藍天白雲加上岩石的海景，怎麼有點像福隆海邊，哈哈，台灣的海邊也是很厲害的！

開了一段福隆＋野柳 fu 的海景，看到了一個景點的牌子。
停好車沿著步道走向海邊，wow，看到好壯觀的直立海崖，
這就真的是很冰島的景了，這樣垂直壯闊的懸崖是冰川切割
出來的。

這裡的藍天太陽都是騙人的，站在懸崖邊風好大冷到爆炸，
但是美景會給人禦寒的能力，站在這絕美的景前好像在拍
MV，自己沉醉了起來。

一路往前開又遇到了幾個很美的海灣，還看到了白雪山頭前
的寧靜小教堂，這邊的景跟之前一號環島的地方不一樣，但
一樣的是還是讓我到處都好想拍。離開一號公路人車更少，
我們在寧靜的海邊探索著，來到旅遊書和網路都查不到詳細
資訊的地方，每一步都好像在發現新大陸。

今天一早下雨下午又出太陽，傍晚開往民宿時遇到天空同時

垂直的海崖地崖是冰川切削的結果。

有大太陽＋大藍天＋大白雲＋大烏雲，陽光一照，讓藍天好藍、白雲好白、烏雲好黑，天空呈現飽和又豐富的色彩，加上秋天地面各種顏色的植物，那景象真的就是一幅油畫，獨一無二只有冰島才會看見的畫。我們走在奇幻旅程裡。

1	2
3	4

1　白雪山頭前的小教堂，好喜歡！

2　像幅畫，各種顏色的天空加上各種顏色的地面，冰島變化萬千的魅力。

3　這邊的公路景有奇幻的感覺。

4　岩石山丘前有可愛遊樂設施的住家，是方圓百里唯一看到的住家，住在這裡不知道是什麼感覺？

白日夢冒險玩

又雲又雨又晴的奇幻旅程

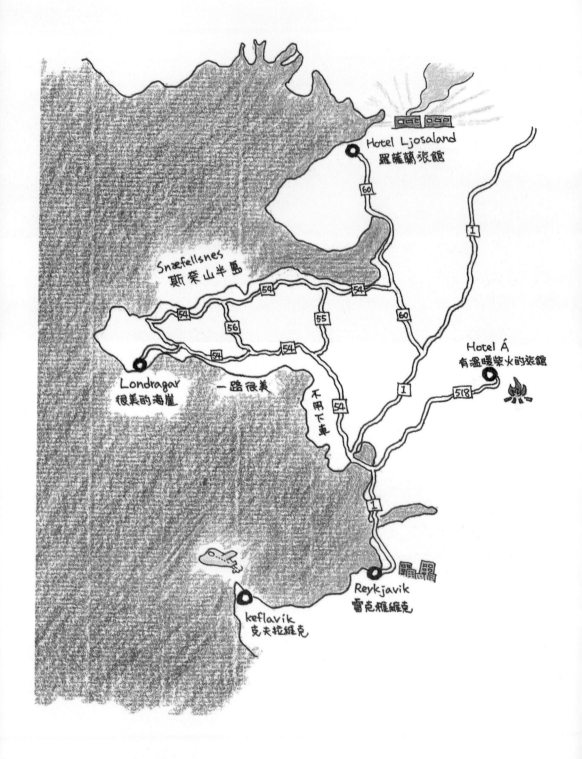

Hotel Ljosaland
羅薩蘭旅館

Snæfellsnes
斯奈山半島

Londragar
很美的海崖

一路很美

不用下車

Hotel Á
有溫暖柴火的旅館

Reykjavik
雷克雅維克

keflavik
克夫拉維克

極光,我找到你了!

就這麼沿著海邊開,又開回山路,天色漸漸暗,這一段路還真的是連車都很少遇到,終於在天快黑時找到了我們今天落腳的羅薩蘭旅館(Hotel Ljósaland)。但這真的是旅館嗎?GPS顯示應該是這裡沒錯,但它看起來比較像是一個貨櫃屋雜貨店之類的,在一個孤零零的小山丘空地上。帶著疑惑推開門,發現裡面的裝潢滿有風格的,牆上有各種海報,有很大的鹿頭,鋪著地毯和老舊皮沙發,有點像西部片裡的房子。櫃檯沒有人。

"Hello~"我叫了幾聲,終於有一個瘦瘦的年輕男生走出來,笑起來很靦腆和善。"Hotel Ljósaland?"我問他,他點頭說Yes!

說實在，剛剛真的不覺得它是一間旅館，很怕天都要黑了還跑錯地方。他帶我們拿著行李走出大門再往後面走，看到另一個很像貨櫃屋的房子，這應該是我目前為止在冰島住過最「簡單」的一間旅館（但其實只是比較簡便的建材，又方方正正的看起來很好搬走，應該還是跟台灣的貨櫃屋不一樣）。當初會訂這間是因為路程的關係，今天必須在這個位置落腳，而這附近也只有這間旅館了，但也還算是乾乾淨淨，只是房間裡時不時會飛出一兩隻肥胖胖的蒼蠅（到底是哪來的？），才知道原來冰島也有蒼蠅，這是我在冰島遇到的唯一一種昆蟲。

打開極光網站，目前的極光指數依然顯示為7，嘖嘖，來冰島每天都一定要查看的就是氣象網站和極光網站，網站的極光指數會告訴我們今天有沒有可能看到極光。今天從一早我就發現極光指數在6~7之間變化，還以為自己看錯。我上一趟來總共8天極光指數連個3都很少遇到（極光指數3以上有可能看見極光），遇到3的那幾天還下雨，所以什麼都沒看到。

查看了兩個不同的極光網站，指數都顯示在6或7，這是非常驚人的高啊！抬頭一看，天上的星星閃亮亮，左右看看，附近連一點房子的燈火都沒有，這……這不就是要遇到極光最完美的天時地利嗎？今天真的就要遇到極光了嗎？Oh，

真的看到的那一刻到底會是什麼樣的感覺？想著想著竟然緊張了起來……

九點多洗完澡，Judy 敷著臉在床上抬腿，我把眼睛貼在窗戶往外看，那個……那個……那個就是極光嗎？一抹藍綠色在天空飄動，這有可能嗎？極光有可能就這樣讓我在亮亮的房間裡看出去就看到？

「Ju……Judy……好像是極光耶……」

她聽了馬上跳下床來，我們兩個套了外套、包了圍巾就衝出去，一打開門突然聽見「啊」的一聲慘叫，就看不到Judy了。

黑暗中我大聲喊：「你在哪裡？？？」

腳下傳來一個微弱的聲音：「我……我摔倒了……好痛……」

你在哪裡？

極光，我找到你了！

Oh⋯⋯這貨櫃屋出去有三格階梯，她應該是一打開門沒看到就直接摔下去了。我心一涼，看她瘦得跟一根衣架一樣，就這樣完全沒看到樓梯的跌下去，我心裡有了最壞的打算：我們的旅程可能就要結束了，在這趟旅程的第二天（雖然我也不知道如果真的骨折的話是要去哪找醫院）。結果就在我衝到她旁邊，無助的想著該怎麼辦的時候，她竟然又站起來，往極光跑去⋯⋯這⋯⋯好神奇的女孩兒⋯⋯

我趕快從絕望切換回原本發現極光的喜出望外模式（超複雜的內心轉折），然後發現，ohohohohoh，好美啊！！！藍綠色、紫紅色的光線在黑夜星空中變換。極光你好！初次見面就要這麼厲害嗎？

拿出相機把腳架架設好，我用了吹吹師父（我的超強攝影師父）教我的拍極光模式，把 ISO 值調到 3200，光圈最大，快門先試試看用 5 秒，按下自拍快門（自拍可以避免因為手按快門造成的一點晃動）。5 秒過去，興奮的馬上拿起來檢查螢幕，怎麼⋯⋯拍起來的照片都是糊的，看起來完全沒有焦距，怎麼會⋯⋯？

看著彩色的極光在空中搖曳，我卻拍不出清楚的照片，還有比這更痛苦的事嗎？我衝進房裡上網把我剛剛拍的模糊照片丟給吹吹，還好她在線上很快回我：「天空沒有焦點，你要先隨便找地面上一個明顯的光源點對焦，按下自拍快門，再把鏡頭對準天空取你要的景。」原來如此！

Judy 有了這張就心滿意足。

我又趕快衝出去把鏡頭對著遠方一點亮亮的房子，聽到「嗶
嗶」一聲清脆的對焦聲響，再對準天空……Oh，希望可以成
功……

「喀擦！」快門聲響，我拿起相機一看，ohohohohoh 我要
哭了……拍起來好美喔！！！

我要 Judy 站在前方不要動努力 hold 住五秒鐘（快門時間多
久就要 hold 著多久不動，不然拍出來會糊掉），她真的努
力 hold 住了。這次我成功對焦，拍下了滿天星星和藍綠色
的夢幻極光，加上一點點雲，和 Judy 仰望天空的身影，這
畫面美得好不真實……

極光，我找到你了！

極光，我找到你了！

今天整個天空都有不同的極光，面對我們房間大門的天空，是時明時暗時彩色的躍動極光，右手邊往頭上延伸的天空則是一條時粗時細的純綠色極光，而房間的正後方山上，透出了整片霧狀的淺藍綠色極光，真的，初次見面就這麼厲害啊……

然後我發揮了我的過動，平常最怕冷又最需要睡眠的我，竟然可以不用鬧鐘每隔一個小時就自動起床一次（根本做夢也在拍），在黑夜寒風中不停一個人來回奔跑按下自拍快門，看另一床的 Judy 有了一張喜歡的極光照片後就心滿意足的呼呼大睡，每個人有每個人的人生啊。

我的極光第一夜，讓我從晚上 9:00 拍到了清晨 4:00，直到看到天微亮，我才心甘情願的好好睡著。

貨櫃屋後面的山是一片藍綠色的霧狀極光。

極光，我找到你了！

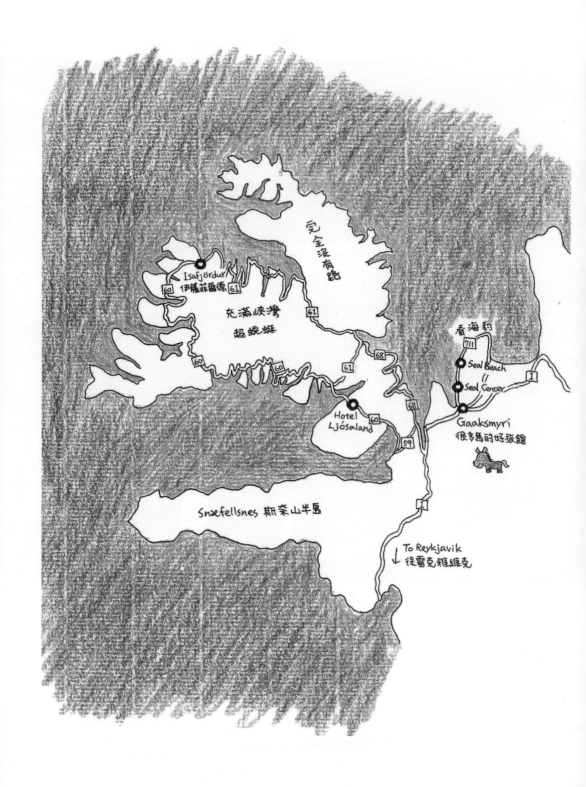

雖然度過了時睡時醒在黑暗中奔波的一晚，但是神奇的極光帶給我滿滿亢奮的活力，隔天一早又是 8 點自然醒，整理好行李準備出發。因為這天一樣是四個多小時的車程啊。

吃早餐的時候，Judy 咬了一口麵包就皺著眉頭跟我說最好不要拿麵包，所以我拿了蘋果汁，想不到一口喝下去直接吐出來，喔……蘋果汁竟然酸掉了……就在我們想著這間民宿是不是一個月來只有我們兩個人來住，真的太誇張的掉漆的時候，靦腆男孩煎了兩份熱呼呼的培根蛋，用陽光燦爛的笑容送上來。熱呼呼的培根蛋耶（至少不會是壞的了，立馬大口吃），瞬間溫暖了我們酸掉的心。

第一次在冰島喝到酸掉的果汁（這種一年四季都是冰箱的天氣也能酸掉，到底是怎麼做到的？），但也第一次在冰島吃到現煎的熱呼呼培根蛋早餐；第一次在冰島遇到蒼蠅，但也第一次在冰島看到極光，還讓我拍了一整夜，這送給我好多第一次的羅薩蘭旅館（Hotel Ljósaland）真是讓人心情複雜的難忘啊。

剛出發上路沒五分鐘，就看到的 62 號公路一道長下坡一路蜿蜒過海到對面的山，Oh，好帥喔！馬上路邊停車把我的滑板拿出來！是的，我真的帶了一個滑板來（不是用伸縮娃娃跟路邊小朋友換的），想圓我的白日夢冒險王夢。小小的公路板，斜斜放在我的 29 吋行李箱剛剛好～
踏上滑板滑了兩下，oh，這坡度很剛好啊，滑板就這麼滑順的「咻～」以一個愈來愈快但不至於摔死的速度開始加速。看著眼前寬闊的冰島公路景，腦中只有三個字：「好冷啊！！！」喔不是，是「好美啊！！！」，是真的又冷又美啊！！！我是白日夢冒險王，呦呼～～～～

溜完滑板繼續開車上路。過沒多久，就在路邊看到三個人比出搭便車的手勢（舉起大拇指比讚的手勢），是一個男生、兩個女生。以前在加拿大旅行時，曾經從落磯山脈一路搭陌生人的便車回到我住的地方（這年少輕狂的奇遇在我的《勇

白日夢冒險王

敢做夢吧！》裡面有寫到），所以看到路邊
的他們，快速的跟 Judy 討論一下後，決定
載他們一程。停下車準備倒車時，從後視鏡
看到他們開心的飛奔過來，這種心情我懂
啊！

我們趕快把後座的食物山收到後車廂，然後
發現，他們每一個人都背了一個超大背包，
我們後座只有三個位子，這……塞得進來
嗎？我跟 Judy 努力把座位往前拉，他們三
個也努力用各種姿勢想盡辦法把自己跟背包

遇到搭便車的波蘭朋友。

融為一體，最後我們用一個大家都是極限分不出是人與貨的
姿態擠滿上路了。

我邊開車邊跟他們聊天。他們是波蘭人，用徒步和搭便車的
方式帶著帳篷旅遊冰島。說實在的，在這偏遠的西部地區，
三個大人加三個大背包要搭便車真的不是這麼容易的事（要
不是我們車子算寬敞又只有兩個人），很想知道他們在想些
什麼，但我的英聽真的滿差的，所以他們好像有回答但是我
沒有懂。

載著他們兩個多小時的這段路，是我來冰島開過最險峻的
路，一路蜿蜒的上山下山，山路窄窄的貼著山壁，另一側都
是那種摔下去一定會很慘的高度，開得我腳底癢癢的。本來
想請 Judy 幫我拍照紀錄一下這段路程，但看她一路手抓著

門，不停提醒我要開慢一點、小心一點、開慢一點、小心一點……就想說還是算了。

把他們放下車時，他們給了我們大擁抱。很開心曾經在遙遠的地方得到好心人的幫助，現在換我也可以載別人一程～

讓他們下車不久，在一個轉角遇到了完整的超大彩虹。Judy開心的大叫，我們立馬路邊停車衝下去！冰島這種不時又晴有雨的天氣常常可以遇到彩虹，加上到處都一望無際沒有什麼屏障，很容易就可以拍到完整的大彩虹，超夢幻的！

繼續往上開，這段山路的路邊有些積雪，開著開著，我看到窗外出現好酷的景象。我們爬到峽灣頂，看到下面寬闊的峽灣和海洋，好像是遠古時代才會有的奇特地形，覺得自己居高臨下鳥瞰大地，有一種在看 Discovery 的感覺，這是我在冰島其他地方沒看過的地形。

我停了車想下車拍照，打開車門要下車時又聽到了 Judy 的慘叫聲，然後她就消失在對面了。她的聲音有一種非常生動的臨場感，我以一種同袍中彈的慌亂邊喊著：「怎麼了！你還好嗎？！！」邊衝出車子飛奔到她旁邊。原來這裡的路面較高，所以下車時路邊有一個坡都是小碎石，她一出車門就這樣「犁田」下去了。

但最讓人感動的是，雖然她這樣一路滑下去，還是奮力捧著我的相機。我跪在她身邊繼續擔心的問：「你還好嗎？」眞

的覺得自己在拍戰爭片，是為什麼下車拍個照可以搞成這樣？還好後來她又強韌的站起來，帶著淚痕跟我說：「你看我有保護好你的相機喔！」

你還好嗎？

呼，平安就好……說實在的，剛剛飛奔到她身邊的短短兩秒鐘，我腦中又浮現了這句：「我們的旅程可能要結束了……」很開心這次又沒有結束（合十），只能說我們的旅程真的好容易結束啊（汗）！大家記得路邊停下車的時候還是要小心路況喔。

傍晚我們順利到達峽灣小鎮伊薩菲爾德（Isafjördur）。在這之前我們穿過一個單線道隧道，剛開進來時發現這個隧道竟然只有一道，熊熊很緊張，想說是不是開錯了？等一下遇到對向的車該怎麼辦？心中升起一股根本就會對撞的恐怖感覺，只好減慢速度很疑惑的開著。開了一會兒發現，原來左邊每隔一段距離就會有一個避車空間，對向的車子遠遠看到我們，會馬上開進避車空間裡等我們通過。第一次在這麼狹

小的隧道裡開車，覺得自己好像在拍 007，從某個海島的地下密道逃亡。

出了隧道不久就看到一個峽灣，沿著峽灣一圈是一個可愛的小城市，就是我們這天要落腳的城市伊薩菲爾德。順利找到住宿的伊薩菲爾德旅館（Hotel Isafjördur），是間簡單舒服、有美麗峽灣窗景的旅館。問了櫃檯小姐這個城市有沒有什麼好吃的餐廳？她推薦我們一家 fish buffet。哇，fish buffet 耶，感覺會有滿桌各式各樣吃不完的魚，冰島峽灣小鎮各式各樣吃不完的魚也太誘人了吧！超級期待的！

然後我們就滿腦子都是魚的等著，終於等到晚上 7 點餐廳開門的時間。我們照著旅館小

覺得峽灣頂這裡離天空很近（感謝 Judy 捨身保護相機帶著淚痕幫我拍下這張照片）。

姐的指示去找餐廳卻完全找不到。我覺得冰島人可能很會找路，常常問他們路之後，他們給我們的指示都超簡單的，例如「往那邊一直走～」讓人很放心的以為走過去就會看到，但是都看不到，只好一路繼續問人。

雖然我忘記餐廳的名字（冰島文好難怎麼可能記得），但只要說出關鍵字"fish buffet"，這裡的人都知道是哪間餐廳，所以想要來吃的人就跟我們一樣一路問人就 ok 啦！

找了一會兒終於找到這棟磚紅色小屋，走進餐廳，是一間北歐海邊小鎮風格的溫暖木屋，木頭屋頂、木頭梁柱、木頭桌椅、彩色小吊燈，好喜歡！但是，怎麼完全沒有看到木頭的餐台上有任何食物……不是 buffet 嗎？好餓啊！

在門口站了一會兒，有一位阿姨來幫我們帶位，坐下之後發現我正好面對廚房的門，看到廚房天花板上掛了很多跟臉盆一樣大的超大鑄鐵鍋，這……鍋都還在天花板，所以是說魚都還沒開始煮的意思嗎？

餓昏的我和 Judy 一邊試圖閒聊假裝不餓，一邊認真偷看廚房的動靜。看起來這是一家人開的餐廳，媽媽負責招呼客人，頭髮灰白捲捲的爸爸跟臉色紅潤胖胖的兒子帶著廚師帽，很像繪本裡的可愛廚師，他們把鑄鐵鍋拿下來開始動作。過了十分鐘，開始有香味飄出來，終於，上菜了！

阿姨幫每一桌都送上一鍋熱呼呼的魚湯，橘色美麗的鮮魚濃湯光看就好撫慰人心，迫不及待裝了滿滿一大盤大喝一口，

| 1 | 2 |
| 3 | 4 |

1 上菜了！大家歡樂排隊。

2 撫慰人心的熱呼呼鮮魚濃湯，魚肉好多超海派。

3 各種不同的魚，不同的料理方式。

4 才各拿一塊就要滿出來了。每一種都好好吃，還有沙拉、白飯、馬鈴薯。

oh，好好喝喔～～～～湯頭濃厚鮮美，有魚的鮮甜、有起司的香醇，還有番茄的酸，帶有一點咖哩的香料提味，整個很有層次又暖到心坎兒裡～雖然有點鹹，但是真的好好喝喔。第一次喝到這麼海派的魚湯，湯裡滿滿的魚，魚肉結實甜美又帶有膠質，那透明的膠質吃進嘴裡又變成很香的的油脂，一點腥味都沒有，光是濃湯我就喝了三大盤。

就在我們滿足的喝著濃湯時，廚房飄出來的香味也愈來愈豐富，整個小木屋被香味淹沒。鑄鐵鍋魚料理上菜！

我們跟著人群排隊，大家應該都等很久了氣氛突然好歡樂，喝完湯有活力講話了！各式各樣看起來好厲害的魚料理在鑄鐵鍋裡滾燙著，這是幸福的畫面啊……

我把每一種魚都裝了一塊，盤子就要滿出來了，而且真的超級好吃！！我是個很不會啃魚的不道地台灣人，跟西方人一樣愛吃魚排，但是魚排常吃到甜度比較不夠的。這裡每一道魚料理都是大塊的魚排，卻都非常鮮甜，第一次可以這樣大口大口不用挑刺的，吃各種很好吃的魚，超級過癮！爸爸大廚還在現場跟大家解說每一種魚，可惜我聽不懂，但是沒關係，吃得懂比較重要！這應該是我這輩子吃過最好吃的魚大餐！

來個兩杯白酒，吃飽喝足聊聊天，挺著大肚子散步回旅館。

今天的極光指數也有 7 耶，晚上滿天星星，看來今天也是極光夜！櫃檯小姐跟我們說接近午夜最適合看極光，但是，才晚上 8 點多，我拿著相機腳架下樓，只是想要看看旅館附近哪裡適合拍極光，我就看到極光了……我在旅館後面的停車場，一片燈火通明的城市裡抬頭看見超級誇張的極光……

雖然昨天已經看過這麼多種厲害的極光，還是覺得今天的極光誇張了……它就好像用投影機投影出來的一隻活潑的萬聖

節幽靈在天空跳舞，很亮很亮，亮到我覺得是假的，我驚訝到真的好想找個人分享，但 Judy 已經上樓了，所以我就跟旁邊一對陌生人講話：「呵，你看，wow～～～」我平常真的不會打擾陌生人的。

立馬架好腳架用了昨天拍極光的模式，ISO 3200，光圈 4，快門 5 秒，拍了一張，但拍出來竟然完全過曝。城市也太亮、極光也太亮，你能想像極光可以拍起來過曝是怎樣的一個亮嗎？馬上調整，ISO2000，光圈 4，快門 2 秒，我拍下了一

偽義大世界（？）

張跟我看過的極光照片都不一樣的不科學極光照。城市都還醒著，燈都還亮著但是極光卻清清楚楚，太酷了！

我衝上樓把照片給 Judy 看，她說拍起來好假，好像義大世界的感覺，哈哈，義大世界，真的有像耶！

請 Judy 陪我，我們又去找了幾個不同的點拍極光。對，真的是請她「陪我」，自從昨天她拍到了一張喜歡的極光照片後就完全滿足了，跟我到了峽灣旁，在黑暗的山前草地上拍照，她一點懸念也沒有的坐在車上，像個老僧一樣，偶爾把頭探出車窗欣賞一下，而我還是燃燒了 ADHD 魂不停的在黑夜中來回奔跑按下快門自拍。又收集到了更多不一樣美麗的極光。

等到 9 點多回到旅館，極光漸弱，看著窗外，天空趨於寂靜。還好我有趁早把握！讓我今天可以心滿意足的睡個好覺。

今日極光筆記：

1. 原來極光真的強的時候連燈火通明的城市都看得清楚。

2. 極光沒有一定什麼時候出現，沒有一定什麼時候比較強，只要天黑了都可能看到，請把握！

3. 我好幸運，我愛冰島！

峽灣旁拍極光。

在黑暗的山前草地上，拍到了好美的這一道……

西北峽灣之白日夢冒險王

來到這次旅程最後一個四小時多的車程日，我們要離開西部充滿峽灣的半島回到 1 號公路環島路線了。今天的 61 號公路完全是沿著峽灣的彎曲走，一種超大髮夾彎的概念。我們不停的在峽灣裡繞進來、繞出去、繞出去、繞進來。從地圖上就可以看到今天的路有多曲折，而看著地圖更讓我好奇的是，西部半島的北邊那一區，完全沒有任何公路耶，超酷的。這麼大一塊連公路都沒有的地方，很想知道到底是長什麼樣子，下次一定要找個冰島人好好問問。

今天天氣依然很好，而且是好一整天的那種，好到好不像冰島啊，記得上一次來冰島沒有任何一天是這樣的大晴天。

這樣的好天氣讓我們開車其實有點辛苦。冰島秋天的太陽斜

斜的，加上他們的車子不會用很厲害的隔熱紙，所以我們開車時要想各種辦法遮陽，不然頭會燒起來。有了這幾天的練習，Judy 已經可以很熟練的利用她的圍巾隨著太陽角度變換，自己做窗簾，而我是戴上大毛毛的帽子開車。隔著 Judy 的圍巾窗簾跟她聊天的時候，有一種愛斯基摩人在跟神父告解的感覺。

雖然開車要躲太陽，但是大晴天就是美啊！我們在峽灣裡繞著，今天的景有一種與世隔絕的美，覺得自己好像擁有全世界。陽光灑下，羊咩咩在廣闊裡專心吃著吃不完的草。靜靜的看著這個畫面，那種美，是會讓人很想念很想念的。

這裏的綿羊毛很多，每一隻都圓蓬蓬的，個性很害羞，只要停車想要靠近，他們就會機警的跑掉，但是大家一起跑掉的畫面超級可愛，就看到一堆圓圓的屁股咚咚咚逃走。

　　繞著繞著，我們正式離開了西部半島，回到一號公路。繞了三天，突然滿想念可以直直往前開的感覺。

　　這天住宿的旅館很有特色、養了很多馬，旅館裡的裝潢也全部都是馬，有馬的窗簾、馬的毛毯、馬的椅墊，牆上掛著馬毛的織畫、馬的各部位骨頭，樓梯間還有大大的書法寫著「馬」字，所以，我們當然就預約了騎個馬囉。

最蜿蜒的一天 & 極光大爆發

好像擁有全世界。

這一趟來，我們決定每天晚餐都要吃好的，增加對冰島食物的經驗值才能寫書跟大家分享（無誤）。

請櫃檯小姐推薦我們附近有沒有好吃的餐廳，她馬上跟我們說有，就從旅館出去左轉再右轉一直走就會看到，是一棟粉紅色的建築。每天都很餓的我們，聽到這家餐廳不用等到晚上 7 點、現在就有營業之後，馬上上路。

櫃檯小姐說的「左轉再右轉一直走就會看到了」，說得彷彿餐廳就在巷口一般，但我們還是開車開到幾乎覺得自己開錯路那般遙遠才終於找到（約莫開了 20 分鐘，從林口上交流道都到台北了）。我懂了，原來這樣的距離對冰島人來說就是巷口啊！然後我們的結論是：在冰島，如果覺得怎麼目的地還沒到，以為自己開錯路，但其實都沒有開錯，再開一會兒就會到了。

原來這棟粉紅色的建築是海豹中心（Seal Center）。它的一

樓是遊客中心，讓大家可以詢問附近海灣觀賞海豹的資訊，二樓則是餐廳。原本以為遊客中心附設的餐廳會比較陽春，想不到一上二樓，wow，是好美的海景餐廳，裝潢擺設也都很用心。我們在這家餐廳吃到了好吃的牛排和雞肉捲（冰島的餐廳幾乎都會有羊跟魚，但不一定有牛跟雞，所以我們趕快把握）。太餓的我們又點了一份花枝圈，但花枝圈竟然沒什麼味道……難道海邊比較適合牛跟雞？

吃飽回到旅館，打開手機發現今天的極光指數是 9。這……9 耶……9 是最高的極光指數了，到底會看到怎麼樣的極光啊？！實在太

最蜿蜒的一天 & 極光大爆發

酷了……經過前面兩天「絕對比你想得更精彩」的極光之夜，
我確定今天一定也很厲害不用懷疑。因為有了昨天的經驗，
我一樣 8 點多就下樓看看，然後又看到了……

今天的極光好粗好大一條，從東邊到西邊整條劃過天空，是
淺藍綠色的單色極光，但那顏色好濃，濃到像拿水彩筆直接
畫在天空的感覺，雖然它會不停搖晃變換形狀，但一直都是
非常壯觀的在整個天空。

終於說服了老僧 Judy 再多拍幾張極光照，這是多少人想遇
都遇不到的耶……我們旅館的一樓餐廳光線太亮，整個從落
地窗透出來，沒辦法在旅館院子拍，但是走一小段到旅館前
的馬路就發現有夠黑暗可以拍了。

白日夢冒險玩

冰島的公路幾乎都沒有路燈，只有反光樁，加上我們這間旅館也夠偏僻，附近沒有其他建築。但是這段馬路就只有雙線道，雙線道之外就是斜坡進田裡，馬路上大概每隔一兩分鐘就有一輛車開過，而且車速都很快，所以我們先趴在路邊草叢觀察，只要看到沒車，就趕快一個人衝到路上站好，另一個人趴在草叢扶著腳架（地很斜、風很大）幫對方拍，如果看到遠方有車燈就馬上大叫：「有車！」兩個再一起臥倒在路旁草叢，就這樣不停的衝出去站好、衝回來臥倒、衝出去站好、衝回來臥倒……覺得我們好像在夜襲敵營＋手榴彈投擲演習之類的，最近都在拍戰爭片好精彩啊。

１　２

────────

１　海豹中心
２　二樓是很棒的海景餐廳。

今天的極光真的布滿整個天空，讓人拍照時忍不住面向天空張開雙臂，覺得自己好像有法力。看極光厲害成這樣，想試試看用相機拍影片，但一般相機拍不太起來，只拍到我一直自言自語的說：「哇～～～哇～～～哇～～～～～極光……是極光大爆發……」再拍了幾張滿天極光的照片後，我滿足了，躺在草叢裡看著天空，真的每天都這麼厲害啊……

就在我要開始以為「極光原來沒這麼難遇到」的時候，我們就沒再遇到它了，接下來的一個多禮拜極光指數都不高，稍微高的那幾天晚上不是多雲就是下雨。這三天的奇遇，好像做夢一樣。

還好，我一直很認真做夢。

女巫施法。

極光大爆發！

冒煙的
馬力歐賽車
驚魂夜

再來說到我的第一次冰島旅行的最後兩天，行程真的只能用曲折離奇來形容。感謝我的人生總是如此不受控，不用費心編劇就高潮迭起，哈哈。現在就請跟著我一起體驗這趟曲折離奇高潮迭起的 Ending Round1。

那次要回台灣的前兩天，一早我去騎馬，那是我第一次在冰島騎馬。我想好了要穿很帥的牛仔褲和牛仔襯衫，拍個很帥的勁裝騎馬照，結果到了馬廄，發現教練穿著橘色雨衣。我問教練說：「一定要穿雨衣嗎？」他說：「都可以啊，只是怕等一下下雨，如果你不想穿也沒關係。」我不想穿啊，哈哈，騎馬當然要帥囉！穿橘色雨衣騎馬會好像要去修電線的

感覺。

這次的騎馬活動只有我一個人報名，所以成了很酷的一對一教學。冰島馬的腿短短的好可愛，而且冰島人非常嚴格在控管冰島馬的血統純正喔，他們不會從國外進口其他種類的馬，只要出過國的馬就不能再入境冰島了。

腿短除了可愛之外，因為離地較近，所以上馬容易些。教練教了我一些簡單控制馬的方法：握穩韁繩，拉右邊的韁繩馬就會右轉，拉左邊的韁繩馬就會左轉，兩條一起拉就是停，腳夾馬腹就會前進。感覺滿簡單的，我們就出發了～

就這樣兩個人在壯闊的白雪山景中騎馬聊天。教練說他是英

1　2
3

1　穿著雨衣的可愛教練

2　可愛的短腿冰島馬

3　一對一教學

冒煙的馬力歐賽車驚魂夜

國人，因為喜歡冰島，所以搬到冰島來。我問他從繁忙都市到這樣空曠的地方住，還習慣嗎？他說他很喜歡這樣的生活。我覺得他很酷，不知道自己有沒有辦法就這樣拋開繁華（？），然後聊到我這次來冰島，一天極光都沒遇到，可是隔天就要回家了……他聽了淡淡的說：「嗯，我上禮拜有看到極光，在我家後院 BBQ 時抬頭看到的。」Oh，我也好想在家裡 BBQ 時抬頭就看到極光啊……

結果騎一騎真的下起雨來，是綿密的毛毛雨。雖然下雨了但我看教練完全沒有要回頭的意思，這讓我有點疑惑。過了一會兒我整身都溼了，教練還是很悠閒的繼續往前騎還跟我聊天，真的很納悶，難道冰島人覺得淋雨沒什麼？（可是教練自己穿雨衣耶）我好冷啊……

我跟教練說：「我們可以回去了嗎？我都淋溼了！」他才一臉驚訝的說：「喔，好啊，你要回去了啊？」（到底有什麼好驚訝的……）他問我要不要讓馬跑步，可以更快回到馬廄，我沒想很多就說好啊，所以教練讓他的馬跑了起來，我的馬就跟著跑了。

沒學過騎馬的我突然覺得有點恐怖，雖然冰島馬離地不遠，又只是小跑步，但還是需要全身用力 hold 住，這完全就是在訓練核心啊，難怪很多人說騎馬很累。我以前都想說累的不都是馬嗎？這短短的路程讓我全神貫注、肚子好酸、屁股

好痛，一直想到林志玲……超佩服古代的鏢
頭整天說趕路就趕路。

回到馬廄我已經全身溼透，有點失溫，想趕
快回到溫暖的車上吹暖氣，沒想到車子開了
一分鐘，引擎開始冒煙，螢幕上出現「引擎
過熱，請停下來」的警告，然後它就開不動
了……但是我冷死了，又在荒郊野外，怎麼
可以開不動呢？所以我硬是以 10 公里的時
速走走停停，冒著車子爆炸的危險，好險讓
我撐到了附近的一間加油站。

這間加油站是冰島最大的連鎖加油站 N1，
裡面還有餐廳，餐廳好暖啊，跑進去我都要
哭了。店員人很好的幫我聯絡了租車公司，
他們說會派人來修，我就在這間溫暖的 N1

I 這家 N1 是我在冰島遇過最豪華的 N1，
　好多香噴噴熱呼呼的肉。車子可以壞在
　這裡也太幸運。

2 超好吃的羊排，鮮嫩 juicy，加沙拉、麵
　包、湯吃到飽只要 500 元台幣。

冒煙的馬力歐賽車驚魂夜

餐廳吃了一頓超級好吃的羊排大餐，加油站的羊排怎麼能這麼好吃？！！

超好吃的羊排，鮮嫩 juicy，加沙拉、麵包、湯吃到飽只要 500 元台幣。

就在我感動的享用溫暖羊排時，修車先生很辛苦的在外面淋雨修車，修了一個多小時，確定這台車真的壞了，而且不是我弄壞的（其實我一直擔心會不會是前一天在克拉夫拉火山撞那一下壞的，但他們既然說不是，那我就不要這樣覺得了），所以租車公司決定從 100 多公里外的亞庫來利送一輛一樣的車來跟我換。

他們問我說：「只剩手排的可以嗎？」Oh，我真的很慶幸我為了以後要開跑車有好好練手排，結果我總共在加油站餐廳待了四小時，終於在傍晚等到了一輛超大貨車載了跟我的自排 Kuga 長得一模一樣的手排 Kuga 來給我。

可是我今晚要住的旅館在 300 公里之外，這時已經 5 點多了，離天黑剩不到兩個小時，立馬上路！

開了一個多小時，GPS 突然把我導向一條 1 號公路外的小路，因為沒有地圖，我只好硬著頭皮跟著 GPS 開（在冰島，地圖真的很重要！），結果這是一條無止境的烏漆媽黑、歪七扭八、邊開邊噴碎石的崎嶇山路，不停的看到急轉彎的標示、路面縮減的標示、要小心（！）的標示，不停加速又煞車又

換擋又加速，覺得我好像在黑暗中開馬力歐賽車，只能說冰島的路標示都很周到啊，連噴石子的小路都不馬虎，如果沒有這些周到的標示我應該早就在哪翻車了吧！

天空一下有星星，一下大烏雲，一下噴大雨還加星星超瘋狂，就這樣在這條山路開了兩個多小時，我終於出來了……但是，找不到我的旅館。我開進一個超級偏僻、路上完全沒有任何人的小鎮，問了一位正在看電視的阿姨，確定旅館在另一個方向後，再花 40 分鐘橫跨剛剛出來前最後一個山頭，終於在九點多找到我溫暖的旅館噴淚躺平。

洗了個澡，我在 FB 上 po 了今天的驚險旅程，大家紛紛表達讚歎並跟我恭喜，我也滿足的想著真是這趟旅行美麗的結尾啊，卻不知道這趟旅行的驚險還沒有打算結束……

第二天早上，我吃了一頓飯店豐盛的早餐，收好東西準備去機場。下午 4:10 的飛機，2:10 要到機場，今天的路程 214 公里，google map 顯示要開三個小時。我 10：30 出發，想說這樣到機場還有一點時間可以寫明信片（要搭飛機那天真的不要把時間排這麼緊，因為什麼事都有可能發生……）。

這天天氣很好，前一晚下了雪，一出飯店不久就看到了超美的雪景，雖然時間很緊迫，但真的太美了，還是路邊停車拿出 GoPro 下車拍了幾張照片，這片雪景是我這趟來遇到最美的，好可惜沒有充足的時間好好欣賞啊。這天一路的美景都

ㅣ 2

ㅣ 今天的雪景好美，但沒有時間好好看好好
　拍了。

2 謝謝辛苦的修車先生。

只能咬牙忍痛快速通過。

今天的雪景好美，但沒有時間好好看好好拍了。

繼續上路，在 GPS 設了克拉夫維克（Keflavik）機場，結果
開了不久，GPS 又把我導向石子路。到底為什麼這麼愛叫我
開這種路？這時候沒有地圖就是很無助，只能跟著 GPS 開，
所以我又在噴石子路開了兩個多小時，但是愈開愈不對勁，
好像怎麼開都不會出來的感覺，而且我完全不知道我人在哪
兒……

先停下車，這時已經中午 12 點多，只剩兩個小時可以開。
我在 GPS 輸入首都雷克雅維克，晴天霹靂，我竟然離雷克雅
維克還有 400 多公里，也就是說，我開了兩個多小時卻離我

要去的方向愈來愈遠，到底……怎麼會這樣……我想，冰島可能還有另外一個 Keflavik，它不是機場……

這是一個超級無助的感覺，我在荒郊野嶺而且愈開愈遠，我全身都在流汗，還有 400 多公里的路程我趕得上飛機嗎？重點是我現在不知道我在哪裡……

沒有時間氣餒，決定了，不管怎樣我要先回到大條的公路！我在 GPS 設定找尋加油站 N1，N1 至少會在大條的路上，螢幕顯示最近的 N1 在十幾公里外，我加速，終於，看到 N1 好感動啊！終於，我回到柏油路了！！

加油的時候，我看到隔壁來了一個大叔要加油，馬上拿著 GPS 跟他說："Can you help me?" 我覺得我的聲音在顫抖，因為時間真的非常非常緊迫！他馬上幫我，我跟他說我要去機場，但是設定的 Keflavik 卻愈開愈遠，我請他幫我輸入正確的機場位置。他拿起 GPS 按了幾下，跟我說，就是這個，機場的 Keflavik。

"Thank you… thank you so so so much…" 我幾乎是倒在大叔懷裡，用盡全身的感謝力氣擁抱他（我平常真的不會騷擾大叔的）。他笑著拍拍我。

Thank you...

上路時已經快要 1:00，距離飛機起飛剩不到三個半小時。

冒煙的馬力歐賽車驚魂夜

終於回到一號公路可以全速開了。我開始飆車，全程幾乎都開 150（眞的是不得已，請不要學我），還好 Kuga 很穩，路上又沒什麼車。我整個開在路中間，用盡全身注意力小心的開，偶爾遇到結冰的路段，車子會漂移一下就趕快減速，度過了又再加速。我把原本三個半小時的路程縮減成兩個小時，到達了 Keflavik，加滿油，還車。

就在租車公司的員工幫我檢查車子時，距離飛機起飛剩 70 分鐘。我喘著氣問其中一個年輕男生說：「你覺得我來得及嗎？」他沒有什麼表情的說：「我不知道。」對啊，什麼蠢問題，人家怎麼會知道呢……

我要把行李從車上拿下來時，他又沒有什麼表情的說：「不用拿下來了，我開車載你過去。」Oh，謝謝你……然後短短一段大概 300 公尺往機場的路，他把車子開得像是拉力賽車，一直出現一些緊急煞車、甩尾、漂移的狀況。我抓緊扶手，內心謝謝他的好意，突然「碰」的一聲，一個輪子開上了人行道……我驚魂未定的看著他，他滿臉通紅的說：「抱歉，我不常開手排車……」

「沒關係，你慢慢開……」雖然時間如此緊迫，我還是跟他這樣說了。

白日夢冒險玩

趕到機場，發現 check in 隊伍還有一點點人。Yes！！終於，我趕上了！！！天啊，我這一路上不知心已經死了多少次，這真的是我這輩子最累的兩天。

輪到我 check in 時，我跟櫃檯小姐說：「請幫我把行李直掛回台灣。」小姐說不行，只能掛到倫敦。怎麼會不行？？我來的時候就是從台灣直掛到冰島的啊。我很認真的拜託她，我在倫敦轉機的時間只有 80 分鐘，如果還要先去領行李出來再去 check in，很可能會來不及啊。

我看過網路上的人說，如果櫃檯不答應就要死命拜託，所以我死命的拜託她。這時走出一個主管阿姨，她用一種「我不許你在這裡胡鬧！」的表情嚴厲看著我，跟我說：「No！這個是規定！」嗯，她說一次我就直接放棄了，好吧，看來我的命運之旅還要繼續⋯⋯下飛機拼了！

上飛機前，我把要寫給朋友的明信片全部貼上郵票丟進郵筒，先寄回去吧，至少有郵戳，回去再跟大家拿回來補寫內容。所以我的朋友紛紛收到了他們人生第一張空白明信片，來自冰島。

經過三個小時的飛行，飛機降落倫敦希斯洛機場。一下飛機我就用衝的一路衝去拿行李。太好了，第三個出來的行李就是我的，lucky！我馬上推著行李再衝到第二航廈 check in，一看錶，距離飛機起飛還有 55 分鐘，內心覺得終於要破最後一關了。雀躍的邁開步伐大步走，但是走近泰航的櫃檯

發現只有一個印度先生在跟櫃檯小姐吵架。「還有 50 分鐘，你為什麼不讓我 check in ！！！」印度先生大聲吼，我聽了心一涼，很無力的在旁邊只幫忙擠出了一句："Please……"櫃檯小姐堅決的跟我們說她無能為力，收行李的閘門已經關閉。我……還是錯過飛機了……

好不甘心啊，最難的都過了，竟然敗在這裡……我在櫃檯前默默流下了兩滴淚。

吸了一口氣轉換一下心情，想要拿出電腦上網尋求協助，這才發現我的背包後面拉鍊沒拉，電腦不見了……我努力回想，應該是我拉鍊沒拉好，背包放在飛機座位下面時電腦掉出來了。我請櫃檯幫我問了冰島航空，他們說沒在飛機上。太好了，真的還可以再慘一點……

我只好打公用電話回台灣給救命星金星。當時是台灣時間凌晨 4 點，她起床幫我查隔天的航班，要我先找地方住。

跟機場工作人員問了可以幫我訂住宿的櫃檯，櫃台先生說，如果要住在機場的旅館比較貴，我幫你訂機場附近的旅館比較便宜，只要 265 英鎊。265 英鎊！那不就是 13000 台幣，怎麼這麼便宜……但是折騰了這一天，我真的好想躺平啊，也非常需要一個有網路的地方讓我聯繫，所以我住了這輩子最貴的一間旅館，它竟然只是一間 Holiday in，然後我要搭公車去旅館的時候跟一個年輕男生聊天，他說他也在附近找到一間旅館只要台幣 2500……

白日夢冒險玩

這間要價 13000 的旅館房間很普通，只是莫名的大，連廁所都大到可以打羽毛球。金星幫我換到了隔天一樣時間的票，跟她說了謝謝，掛掉電話後我就直接昏倒，隔天來個倫敦開心半日遊。晚上終於順利搭上飛機，回到台灣。

好漫長的歸途啊。

回到台灣後，滿腦子還是這十天不可思議的旅程，但是想到我遺失的電腦，裡面存了最後兩天我沒有備份的照片，都離我而去了，心還是會痛……

結果，就在我回台灣幾天後，某個下班時間塞車在台北街頭，接到了金星的電話：「找到了！原來你的電腦掉在冰島機場，有人幫你撿到失物招領處，他們會幫你寄回來！」喔，我又哭了，但這次是喜極而泣。謝謝金星鍥而不捨的幫我寫 email 給冰島機場詢問，我一直沒想到原來我的電腦是在冰島機場掉的……

15 天後，我收到一個包了三層泡棉的包裹。拆開包裝，阿飛（我的電腦）毫髮無傷。打開螢幕是我熟悉的亂七八糟桌面，裡面還有 24% 的電力，阿飛沒有設密碼，任何人拿去都可以直接用，好感謝一路上的好心人，讓它安然回到我身邊。馬上把還沒備份的照片備份，聽著我愛的歌，看著冰島的照片們。我確定了，冰島，明年我一定還要再去找你！

冒煙的馬力歐賽車驚魂夜

雷克雅維克之旅，冰島靈異事件

　　雷克雅維克（Reykjavik）是冰島首都，也是全世界最北的首都。冰島文 Reykjavik 的意思是「冒煙的灣岸」，因為這裡地熱豐富，第一批登陸的維京人看到地熱的煙霧就以此命名。雖然是冒煙的灣岸，雷克雅維克卻是全世界最乾淨的「無煙城市」，整個首都全靠地熱發電，極少使用石油、煤等能源。它也是冰島最大的城市，遠遠大於冰島其他所有城市。冰島總人口約 32 萬人，其中 20 萬人居住在大雷克雅維克地區。

　　兩次來冰島我都是到達的第一天晚上就住雷克雅維克，但是熱愛冰島野外美景的我，卻是在第二次來冰島的最後一天，才好好的認識了冰島的首都。

世界最北的首都，冒煙灣岸無煙城市，雷克雅維克。

因爲有了第一次冰島行最後一天瘋狂飆車趕飛機的驚險經驗，所以第二次的冰島行，我安排搭機前一天的晚上住在機場附近。那天天氣不好，下著雨，我們決定放棄野外的行程就好好逛首都吧，但因爲臨時決定要逛，所以完全沒有任何準備，也不知道哪裡有厲害的景點。這時突然想到，GPS 裡面還有我們第一天來時住的蓮花酒店（Lotus）的地址，記得那裡的工作人員很好，也許可以跟他們問一些資訊。

到了 Lotus 櫃檯看到一個阿姨，我認得她，第一天我們住這裡時，就是她告訴我們去哪裡找超市的。我問她：「請問你還記得我嗎？兩個禮拜前有一天我住在你們這裡。」她看了我一下露出笑容說：「當然，我記得。」雖然我不知道她有

1　2
　　3
_____

1　冰島市政廳旁寧靜美麗的托寧湖

2　超 nice 的阿姨，跟我介紹了好多，明年還要住這裡！

3　維京船骨雕塑，這裡是歷史上第一批維京人登陸冰島的地方。

沒有記錯，但是她的笑容很溫暖，讓我覺得可以很放心的問
她問題。

我跟他說：「我們臨時決定今天要來逛雷克亞維克，可以請
你跟我們介紹一些不錯的景點，還有好吃的餐廳嗎？」她戴
上老花眼鏡，從櫃檯撕了一張地圖給我（冰島每一間旅館幾
乎都有當地地圖可以給遊客，許多商店也有），一邊跟我介
紹，一邊在地圖上做記號，珍珠樓、托寧湖、維京人登陸的
地方、議會圖書館、雷克雅維克大教堂，還有有名的熱狗攤、
冰淇淋店……等等，她還推薦我們好吃的傳統斯堪地那維雅
餐廳，然後馬上幫我們打電話訂晚上的位子，人超級好！我

以柱狀玄武岩為靈感設計的雷克雅維克大教堂。

很開心的一直跟她說謝謝，我們有了當地的第一手資訊！

晚上我們要跟機場旁的民宿聯絡，因為手機儲值卡用完了不能打電話，我又靈機一動的開回到 Lotus，這次是一個穿著彩色襪子英倫風的大男生在櫃檯，他也記得我，他二話不說的幫我們打電話向民宿聯繫我們到達的時間（整個把人家旅館當成遊客中心和警察局在用），我又跟他說了很多謝謝，說我明年還會再來，我要再來找你們！他笑著說：「好啊，等你喔！」冰島人真的從第一天到最後一天都沒有讓人失望啊（淚）～

逛完景點，下午我們來到雷克雅維克最繁榮的一條街，就叫
勞維古大街（Laugavegur），這裡很多商店、紀念品店。雷
克雅維克的街道乾淨，colorful，很有冰島味，光是走走就令
人開心。回到都市，購物魂突然又燃燒起來，不過看了半天，
發現冰島很能讓人克制購物慾，東西都比較樸實，單價也高，
而且個人覺得好看的紀念品真的不多（他們的美感好像用來
設計房子比較厲害），最後我終於在彩虹街買到兩個可愛的
彩虹娃娃，是用冰島羊毛織的，小小一個要 1500 多台幣，
但是很有意義。這條彩虹街地上漆著代表LGBT的五色彩虹。
冰島在男女平權、多元性別的態度上都很開明，2010 年冰島
議會全票通過同性婚姻法案，由當時冰島第一位出櫃的女總
理西達朵提（Johanna Sigurdardottir，她也是全世界第一位
出櫃的元首）推動，她也在法案通過的當天跟她的同性伴侶
結婚了。走在這樣尊重多元的國度，令人感覺快樂、自由。

| 1 2 3 4

---

1 議會圖書館，被選為世界最美的圖書館之一，天氣好的時候陽光穿過玻璃建築呈現的光影是它美麗的特色。

2 有名的熱狗攤，是用羊腸衣做的熱狗，滿有特色的。

3 勞維古大街。這家很大的紀念品店前面有兩個會動的大維京人模型。

4 彩虹街，盡頭就是雷克雅維克大教堂。

這天晚上我們就來到阿姨推薦的這家斯堪地那維亞餐廳 3 Frakkar。

（餐廳網站：http://www.3frakkar.com）

一進餐廳就看到幾桌亞洲遊客（因為是亞洲人所以比較可以分辨應該是遊客）。我想這間餐廳可能不只在當地有名，我們 6:30 到的時候幾乎坐滿了，還好有訂位！打開菜單，有各種魚肉、幾種我沒看過的海鳥肉，還有馬肉跟鯨魚肉，Lotus 的阿姨對馬肉讚不絕口，然後說鯨魚肉味道比較重，有的人不敢吃。不過既然來了一定要都嘗嘗看啊！我們點了一份馬肉、一份鯨魚肉，冰島是少數可以合法吃鯨魚的國家，獵捕的數量都有管制，他們吃的鯨魚肉是小鬚鯨。

過不久就上菜了，先試試看馬肉。Oh，馬肉真的好好吃喔！吃起來像是非常頂級的菲力，鮮嫩甜美，完全沒有腥味，比牛肉、羊肉還更沒有動物的味道，真的非常好吃，大推薦！然後來試試鯨魚肉，切下一塊，wow，斷面是很深的紫紅色，小小的吃了一口，真的，味道好重……那種味道很難形容，其實不像一般的魚或海鮮的腥味，比較像是一種很濃的野味（野生動物味），味道不外放但是餘韻濃濃的在嘴裡……我是個對於動物野味承受度還滿高的人，但是這個我真的沒辦法。吃了幾口就放棄了，回去開心的吃馬肉，一口接一口，一邊讚歎就瞬間吃完了，真的大推薦！

白日夢冒險玩

吃完斯堪地那維亞大餐，準備輕鬆的散步去開車往我們今晚住的民宿，想著這次的旅程終於圓滿順利不用再驚慌了，沒想到⋯⋯

晚上 7 點多吃完晚餐，我們走回停車的地方。市區的街道有美麗的霓虹燈，店家大多打烊了，但是櫥窗還是燈火通明。走到了我停車的那條街，眼前的景象讓我傻住了。

我停車的那一格，是空的⋯⋯整條街路邊都停了車，但是我那格是空的！

上一次和上上次有這種驚訝的感覺，是在台灣，最後的結局都是我記錯自己的停車位置了。但這次我覺得我沒記錯，停在我前面的是一輛暗紅色小車，它還是歪歪的停在我前面，我很確定，因為它停得歪歪的，所以我要停車時差一點 A 到它，車主是一個女生，下車時還看了車一下。我也記得我停好車的旁邊就是一家 colorful 的服飾店，我下車進去問了店員我們的餐廳該怎麼走，那間店太有風格了，我不可能記錯。那間店現在就在我眼前，但我的車真的不見了⋯⋯

「我們的行李，護照都在車上⋯⋯」這時聽到耳邊傳來 Judy 快要哭的聲音。我也開始慌了，掉過了這麼多東西，平常真的很難讓我慌的，但是這次我們是掉了整輛車啊！

附近店家幾乎都打烊了，我深呼吸，跟自己說要穩住，眼光搜尋到一家理髮廳，老闆正準備關燈鎖門，我衝進去用顫抖

的聲音跟他說：「不好意思，可以請你幫我一個忙嗎？我們
的車停在旁邊那條街，我很確定我把它停在那，但是它不見
了，請問可能是被拖吊了嗎？」

「你幾點停的？」他問我。

「大概 6 點多。」

「不可能，這個時間不會有拖吊車！」他很堅定的說。我心
一涼，深吸了一口氣問他：「所以……是有人把車偷走的意
思嗎？」

「不可能，我住這裡 30 年了，沒有人的車被偷過！」他更
堅定的說。Oh，這句話也太帥了！是怎樣的國家治安可以好
到讓人說出這麼帥的話？

沉醉在這樣的帥氣幾秒後，我回到現實。「所以我們的車是
到哪裡去了呢？？？」

「來，跟我來！」他的口氣依然堅定，神情溫暖可靠，絲毫
沒有趕著要走或是覺得我們打擾他的感覺。這幾分鐘，我覺

得這個帥大叔是我們在這世界上唯一的依靠……

他把我帶到我們停車的那條街上跟我說：「這附近有三條長得很像的街道，都是可以停車的，你再仔細找找，一定是你記錯了！」我好希望就像他說的那樣是我記錯了，但是真的覺得這次我沒記錯啊！

我還是跟他問了警察局的資訊，心中有了最壞的打算。就在這個 moment，Judy 開心的衝向我大喊：「找到了，找到了，我找到我們的車了！！！」

我跟著 Judy 衝過去，真的，是我們的車！ YA ～～～～我幾乎是喜極而泣的倒在帥大叔的懷裡（為什麼每次來冰島都要倒在別人懷裡？）。

"Thank you...... Thank you so so so much......"

"See!" 他也整個笑開的擁抱我。我請 Judy 幫我跟他拍一張照，跟他說：「我是一個作家，之後可能會出一本冰島的書，可以把跟你的合照放在書裡嗎？實在是太謝謝你了！」

"Follow me!" 他笑著,又要我們跟他走回他的店裡,這時才發現這間理髮店很有味道,店裡很多古董。

他拿出一本小小的詩集跟我們說,他也是作家,他是一個詩人,這是他寫的詩。這也太酷了!我得到一本冰島詩人親手送給我的詩集,雖然完全看不懂,但是我一定會好好收藏的!再次跟他擁抱後,我們終於上車了。

開心的回到車上,關上車門,停了三秒,我跟 Judy 說:「我確定我們的車本來真的不是停在這裡……」

她看著我沒有說話,我知道她也這樣覺得。我們的車明明是靠右邊停的,但現在變成靠左邊停了,而且本來是在十字路口的下面,現在變成在上面……我全身的寒毛都站了起來……再檢查一次,整車的東西都沒有少,鎖也沒有被撬開的痕跡,車子發動也沒問題,那到底,是發生了什麼事?

我下車去問了對面炸雞店的店員:「請問你們的警察會把車子從 A 位置拖吊到 B 位置這樣嗎?」他一臉「你在開玩笑嗎?」的表情,直搖頭跟我說不可能。

在往民宿的路上,我們想了各種可能,難道是因為我忘記鎖門,所以有人發動我們的車跟我們開了一個玩笑嗎?但是鑰匙我帶在身上啊,這種感應的鑰匙一離開車子,車子就不可能發動。難道是有一個很會開鎖的人想要惡作劇嗎?但是到底有誰會因為想要做這麼莫名其妙的惡作劇,開鎖技術還這

白日夢冒險玩

民宿主人帶了狗狗下樓跟我們聊天

麼好？愈想愈想不透，我個人是不相信怪力亂神啦，但這到底是發生了什麼事？

Judy 認眞的跟我說，他相信外國沒有鬼，所以應該是外星人，哈哈哈，我聽了大笑，緩和了一點毛毛的氣氛。

終於在晚上 9 點多到了民宿，我們住在機場旁，主人是一對年輕夫妻，他們就住在民宿的樓上，因爲知道我們明天 5:00 就要出門去搭飛機，所以他們把準備好的早餐拿下來放在冰箱，讓我們出門前可以吃，還帶了可愛的狗狗跟我們聊天。我們跟他說了今天遇到的怪事，他們笑著說一定是你們記錯了。我很認眞的說我們確定沒記錯，他聳了聳肩說：「那你們應該是遇到鬼了！」

哇咧……Judy 今天晚上應該睡不著了……

凌晨四點半起床，整理好行李。我打開門第一件事，是先看車子還在不在。

嗯，它好好的在那兒。

我們順利的開到機場還車，順利的 check in，雖然想好了我要回去問所有我覺得可能可以幫我解答的朋友（很聰明的、很懂車的、很常旅行的、聽過很多奇人軼事的……），但心裡有預感這件事可能會是一個永遠的謎。

直到我們要上飛機的前一刻，收到金星的 email，一切真相大白……

原來我們停車的那條街，就只有我們那一格是不能停的，那裡會擋住貨物的進出，但是我真的看不懂啊，看起來都像停車格！所以有人打電話請警察處理，警察來了之後看到我們的車是租來的，很好心的打電話給租車公司請他們處理。租車公司聯絡不上我們，但是發現我們明天就要回台灣，如果車子被拖吊要等到禮拜一才能拿車，那就糟糕了，所以他們拜託警察給他們一點時間，然後租車公司請專員拿著我們這輛車的備用鑰匙趕來，幫我們把車移到了合法停車的地方。

因為幫我訂車的是金星，她在台灣起床後才收到租車公司的 email，通知她移車的事，金星幫我們跟租車公司說了好多謝謝。

謝謝冰島好心的警察、好心的租車公司，他們原本可以不

理我們的；謝謝所有冰島不曾拒絕我們的好人，謝謝我的
always 救命星金星，這次我們終於「順利的」回到了台灣。
一個靈異事件變成一個超級溫馨的好人好事，你說，我怎麼
能不愛冰島呢？
And，我的人生就是用來寫故事的啊！

冰島，to be continued……

Just follow me.
擁有冰島一點也不難

冰島給人好像遙不可及的感覺，但除了它真的遠一點，搭飛機要搭比較久，其實是方便又安全的。不管要自駕，或是參加各式各樣的 day tour，都可以輕鬆玩得盡興開心。相信我，我最怕麻煩了！哈哈，現在就跟著很怕麻煩的吳沁婕來看看要怎麼不麻煩的規劃冰島行吧！（部分資訊取自「俏鬍子的蹺課旅行團」部落格。）

行程規劃

自駕環島，是我個人很推薦的方式。如果有 10 天以上的時間，我建議可以這樣玩。我第一次去冰島時規劃 10 天旅程，扣掉搭飛機前後兩天，在冰島的時間 8 天。

冰島的面積 10 萬 3000 平方公里，大約是台灣的 3 倍大，沿冰島 1 號公路環島一圈是 3148.6 km 公里。前幾天每天開 200~300 公里滿剛好的，不會太累，也可以好好欣賞風景好好拍照，但是最後兩天路程真的比較趕，也發生了一些驚險的事。第二次我安排 14 天環島，扣掉搭飛機的時間，我在冰島 12 天，其中撥出三天繞去 1 號公路之外的西北邊。這樣的安排我自己也很喜歡（當然如果可以的話我想在冰島待更久）。

如果時間不夠，建議挑幾個重點地方玩就好，冰島有各式各樣的 day tour，可以選擇自己最喜歡的參加。

關於行程安排，可以參考這個網站：

行程規劃 tips：

1. 目前持台灣護照 90 天內免簽，不用另外申請。若要租車或騎雪上摩托車，要記得到監理所換國際駕照喔。

2. 夏季是冰島的旅遊旺季，因為天氣比較宜人，也會有生意盎然的花草。但是我個人偏愛冰島的蕭瑟和冰雪中的模樣，所以我最喜歡秋天。秋天去冰島可以遇到極光（9~4 月是極光發生期），又能看到冰雪。

我兩次去冰島都是秋天，非常滿意。而冬天時的冰島，有很多活動和大眾運輸可能停擺，還可能遇到大風雪，不過冬天也有冬天的美，所以我決定今年要安排 20 天去看看冰島冬天的樣子。

http://www.hostel.is/SampleItineraries/ 它將行程分成不同區域以及不同天數，可以從中挑選適合自己的行程。不過，我覺得如果要把網站內安排的每日行程全走完會太趕（個人喜歡悠閒一點玩），可以先挑自己比較喜歡的幾個，有多餘的時間再加入其他景點。重點是，看完網站內的行程介紹，對冰島的景點就會有相當豐富的了解囉。或是仔細看完我的書，應該就可以規劃出很棒的行程了！

如何到達冰島

從台灣要到冰島，沒有班機直飛，最順路方便的是在歐洲轉機。冰島在挪威西邊，在英國西北邊約 1000 公里，在北歐或是倫敦轉機都可以。

從歐洲搭機到冰島約 3~4 小時，航班不少，可參考網站：

VISIT ICELAND：

http://www.visiticeland.com/plan-your-trip/travel-to-iceland/fly-to-iceland/

冰島航空 ICELANDAIR：
http://www.icelandair.com

要注意的是，有一些航空公司跟冰島航空沒有合作，所以行李無法直掛，在安排轉機的銜接上不要太趕。行李不能直掛，就必須下飛機之後先去領行李，再去 check in，如果轉機時間低於兩個小時都很危險。至於哪一個航空公司跟冰島航空有合作，這個可能要打電話去問了。我搭過泰航，去的時候行李成功直掛了，但是回來卻不行。長榮和國泰都不能直掛，所以基本上轉機時間還是安排鬆一點比較保險，或是乾脆在轉機的地方留個一兩天順便玩玩，比較不會因為前面班機延誤造成後面行程大亂。

冰島交通

一、自駕：
玩冰島我真的很推薦自駕，因為冰島哪兒都美啊，只有自駕才能隨心所欲的想去哪兒就去哪兒。租車資訊可以參考「冰島旅遊網站」（Guide to Iceland：

https://cn.guidetoiceland.is/iceland-car-rentals）。

這個平台提供租車資訊與線上預約服務，只要輸入取車、還車日期與取車地點，就會依條件列出所有合作租車公司的車款與價位，同時比較租車公司的價格，很方便。這網站中有許多介紹冰島的文章，也有旅遊行程可以線上預約，更方便的是有提供中文客服喔。

不過自駕有以下幾點要注意喔：

1. 在冰島自駕請一定要帶個地圖在身邊。冰島的大地圖叫做 "big map"，機場和一些資訊中心都可以拿到，有的租車公司也會有，到每一個城市也建議大家去拿當地的地圖。我第一次去冰島的時候沒帶地圖，完全只靠 GPS 就出大問題了（精彩的出事經過請見前述）。

2. 冰島的路大部分沒路燈，但都有反光椿，也有清楚的路牌和提醒標誌。地圖上 F 開頭的路只有四輪傳動的車可以開的。

3. 冰島冬天路面常常結冰或積雪，開車要很小心，如果不是四輪傳動的車，要開在積雪路面真的很危險，風雪太大時甚至

道路會封閉。

4. 冰島的油價大約是台灣的兩倍。

5. 在冰島加油都是自助（但是冰島人很好，遇到困難可以請他們幫忙），用信用卡直接付費，或是到有人的加油站可以去櫃檯付費。用信用卡自助加油要有預借現金的密碼（PIN code），在台灣就要先問清楚喔。

二、國內班機：

AIR ICELAND：

https://www.airiceland.is

連接大城市的冰島國內航空，如果要長距離移動可考慮購買國內航班，運氣好搶到特價票甚至可能比巴士還便宜！

三、巴士：

往返機場交通，Keflavik 機場到市區約40 分鐘車程，有幾家巴士公司：

Flybus: https://www.re.is/flybus/

BUSTRAVEL:

http://www.bustravel.is/en

Airport Express:

http://www.airportexpress.is

四、冰島長途巴士：

Reykjavik Excursions：https://www.re.is/iceland-on-your-own/

以雷克雅維克為中心，往全國延伸的巴士網。有提供各種區域 Passport 組合可供選擇。

Straeto：http://www.straeto.is/

主要經營雷克雅維克附近的區域。

Sterna：https://www.sternatravel.com/

以雷克雅維克與北邊的亞庫來利為中心，路線遍及全島，一樣有提供各區域的 Passport 組合。

特別注意，冰島巴士冬天全面停開！

五、共乘：

共乘網站 Carpooling in Iceland：

http://samferda.com/en/

可在上面選擇目的地，運氣好的話可以找到人一起分攤油錢，還可以交新朋友，也有人用搭便車的方式直接在路上攔車。

六、騎腳踏車：

冰島的 1 號公路其實路況很好，適合騎車，但是你知道，天氣滿冷的，路又常常上上下下，這適合體力好的強壯人。

七、Day Tour：

除了自駕之外，看網路上很多人分享，參加 Day Tour 也是非常好的遊玩冰島方式。 冰島大眾運輸不普及，所以發展出了非常多元的 Day Tour，所有熱門／不熱門景點，還有各式活動像是騎馬、冰原摩托車，冰河健行、潛水、賞鯨賞鳥、爬火山……都可以參加。而且因為 Tour 夠多，幾乎不需事先預訂，只要到了冰島後再請旅館櫃檯打電話就可以。

所以如果不想或是無法自駕，只要預先訂好機場到旅館的交通，接著就每天從民宿或旅館或 Information Centre 提供的各種手冊中挑出自己喜歡的團，麻煩櫃檯替你打電話報名，活動時間到會有巴士來你住的地方接你，還有導遊做介紹，這樣也可以簡單暢遊冰島喔～

以下是幾個不錯的 day tour 網站：

Guide to Iceland：

https://cn.guidetoiceland.is

這個中文網站租車，住宿，day tour 什麼都包了！

Iceland Excursions：

http://www.icelandexcursions.is/

冰島當地最大旅遊公司，由歐洲常見的 Gray Line 公司經營，持國際學生證可打 9 折。

Reykjavik Excursions：

https://www.re.is/

另一常見的大型旅遊公司，幾乎什麼行程都有。

Netbus：http://www.bustravel.is/

較小型的公司，有推出組合，一次購買多個行程有折扣。

Extreme Iceland：

https://www.extremeiceland.is/en/

除了經典行程外，推出蠻多動態活動，像

是冰河健行、洞穴探險、潛水等等。

冰島住宿

一、民宿、旅館、飯店：

我是一個喜歡玩得開心住得舒服的人，所以我都是直接在 BOOKING.COM 找自己喜歡的住宿。雙人房大概 4000~5000 台幣的範圍就可以找到很棒的住宿點，民宿、旅館、飯店都有，我也把很多自己喜歡的住宿在文章中推薦給大家～
如果想要體驗當地的民宿，上 AIR BNB 找民宿也是很多人的選擇。

二、Hostel：

如果想省錢，冰島有很多 Hostel，房型分為單人房、雙人房、多人房並且分專屬房或共享房，也就是俗稱的 Dorm。而廚房、冰箱和共用衛浴是 Hostel 的基本配備。每個城鎮都可以找到住宿的地方。

三、露營：

冰島的露營地很多，是一種超級省錢又不一樣的體驗。

四、睡車上：

聽過一些人是租一台車就直接睡車上，感覺很方便，也不怕找不到住宿，冰島治安很好，沒有野獸什麼的，不過夜晚很冷，要注意保暖就是了。

冰島飲食

冰島的住宿早餐（有的是包含在住宿中，有的要另外付費，大約 3400 元台幣），都很豐盛，有各種起司、冷肉、麵包、穀片、牛奶、優格、水果、甜點……等吃到飽，所以我都會選擇在旅館吃早餐，吃飽飽充滿活力開始一天的探險。

冰島的早餐，冷肉、起司是我的愛。

中午的時候經常在荒郊野外，所以我到達
冰島的第一天就會去超市買各種食物，
火腿、起司、生菜、麵包、餅乾、洋芋片、
牛奶、果汁，把後座塞滿滿。這種天氣食
物放在車上十幾天都不會壞，每天中午就
自己夾兩個三明治來吃，很方便。
要是遇到冰島最大的加油站 N1，還可以
吃個熱狗、漢堡。有些豪華的 N1 甚至有
排餐，或是來個微波加熱食品，熱呼呼的
也不錯。

2 4
1 3

I 出發前就把車上塞滿食物，十幾天也不會壞。

2 冰島最大的加油站 N1，每一家規模不同。在招牌上
就會標示出服務內容。

3 冰島的熱狗很有名，N1 也有賣，包培根的口味我很
喜歡，大家要來試試看喔。

4 冰島羊肉很好吃，幾乎每家餐廳都有羊，有各種部
位各種料理方式。

晚餐的部分我們嘗試了各式各樣的民宿、旅館餐廳，或是當地人推薦的餐廳，單點排餐價位大約 1000~1500 台幣，口味偏鹹，但是都有一定水準。冰島的羊肉是很多人推薦的，真的鮮嫩甜美又沒什麼騷味，魚當然也是冰島的強項，所以幾乎每一家餐廳都會有羊跟魚，至於牛跟雞也好吃，但是不一定每一家餐廳都有。我們最後一天還去雷克雅維克品嘗了鯨魚和馬肉，這是傳統的斯堪地那維亞（北歐）料理，但是在冰島並不算普遍，要去特定的餐廳才有。

另外冰島的湯我覺得很好喝（也偏鹹就是了），我們喝到了龍蝦、南瓜、洋蔥、番茄海鮮各式各樣好喝的濃湯。濃湯很大碗（有的根本是用碗公裝的），會附麵包奶油（奶油很大塊、很多），點個濃湯就非常有飽足感了。

如果想要自己煮，冰島的超市可以買到各式食材，煎個羊排煮個義大利麵什麼的都很方便。

飲水的部分，打開水龍頭就可以喝到非常甘甜的冰島純淨的水，在冰島就不要花錢買水了，好好把握水龍頭！還有冰島的可樂，因為是用純淨的冰島水做的，所以特別好喝！大家可以試試看喔～

衣著

冰島緯度很高，所以夏季涼爽，平均溫度約 9~14 度，但是因為有大西洋暖流通過，冬天也不會非常冷，平均溫度約 -2~2 度，比起相同緯度的其他國家溫暖很多。傳說第一批登陸冰島的維京人，因為太喜歡這個位在極北地區又不會太冷的美麗小島，所以故意把它取名為 "Iceland"，而相距不遠卻冷死人的格陵蘭島，維京人

卻把它取名為 "Greenland"，想要混若視聽。看來效果還滿好的，畢竟來冰島之前我也以為冰島超級冷，原來只是普通冷而已（不過對亞熱帶的怕冷小孩來說普通冷也很冷了）。所以我建議大家就把平常在台灣寒流時的穿搭帶過來就沒錯了，建議要戴毛帽，冰島風大，頭要做好保暖。冰島處於低壓中心，氣旋帶來豐沛雨量，無論什麼季節都可能下雨或下雪（西部與西南年平均雨量 1000~2000mm，北部東北年平均雨量 400~600mm），而且天氣變化多端，說變就變，如果有防雨的外套，防滑防水的的登山鞋也很適合。冰島有自己的衣服品牌，像是 North 66 度，但是價格都滿高的，樣式又比較樸實一點，重機能性，而冰島特有的冰島羊毛衣，穿起來很蓬又很扎，所以我個人是沒有在冰島買過任何衣服，對我來說冰島是一個讓愛買的人也能乖乖省錢的地方。退稅的部分，滿 4000 ISK 就可以辦理，退稅額度最高可達 15%。 和其他國家一樣，只要跟店員拿取退稅單填寫後在機場辦理即可。

其他

一、信用卡：

在冰島遊玩可以說是一張信用卡就通行無阻了。我兩次換了克朗都沒有用到，因為信用卡實在是太方便了，加油、超商買東西、民宿、餐廳、熱狗攤……什麼都可以刷。記得，有些地方會需要用到信用卡的預借現金密碼喔（PIN）。

二、電壓：

冰島的電壓是 220V，使用歐規的雙圓圓插頭。

三、網路：

在冰島用網路很方邊，可以直接買當地的 SIM 卡，到處都有電信公司或電信櫃檯可以買到。冰島雖然到處都超級空曠人煙稀少，但是網路的訊號算是滿不錯的喔～

看吧，是不是很不麻煩的就瞭解了該怎麼準備冰島的旅程。有沒有更心動了呢？
只要認真讀完這篇，誰都可以信心滿滿的出發囉！

白日夢冒險玩

夏天的冰島有生意盎然的花草，和秋冬不一樣。

Just follow me. 擁有冰島一點也不難

極光介紹與拍攝 tips

極光,英文是 Aurora,因科學家伽利略用歐若拉女神來稱呼極光現象而得名。極光神奇的美麗讓人們相信它是幸運之光,看見極光也成為許多人的夢想。那極光到底是怎麼產生的呢?

簡來的說,極光是因為太陽風(太陽表面因為高熱而產生的帶電高能粒子們)被地球的地磁吸引到南北極,與地球大氣層的原子碰撞,能量釋放時產生了光芒(主要是氧原子和氮原子。與不同原子碰撞,會產生不同顏色的光),所以極光大部分只會出現「極光帶」,就是南北緯 67 度附近的兩個帶狀區域。在北半球觀察到的極光稱為「北極光」,在南半球觀察到的稱為「南極光」,而冰島是世界上唯一可以全境觀察到極光的國家,時間大約從 9 月到隔年 4 月。

要觀察極光,首先要看的是當天極光的活躍度。極光活躍度分成 0~9,一般來說活躍度 2~3 以上就有可能看到極光,數值愈高,看到的極光愈強。但是這一切還得要有天氣配合,如果當天雲層太厚,就算極光很活躍也會被遮住,這也是為什麼看到極光是這麼的讓人興奮,這一切都要看天啊!

附上我在冰島幾乎每天都會查看的一個網站,可以看氣象,也可以看極光指數:

查看氣象:http://en.vedur.is/weather/forecasts/areas/

可以點選不同的地區和時段查看天氣。

查看極光：http://en.vedur.is/weather/forecasts/aurora/

點進去後右邊會顯示當時的極光指數（0~9），還有當天日出日落的時間。中間的圖可以清楚看到當日冰島雲層的分布（圖的下方指標可以拉到你想查的時段），顏色愈淺，雲量愈少，愈有可能看到極光。

當極光活躍的時候，在有燈光的地方也看得到極光，但是如果極光較弱，就要去沒有燈光的地方找。如果當天所在地的雲量不多，極光指數又高於 3，那就準備好天黑出發找極光吧！

接著分享一下我自己的極光拍攝心得。也許不能跟專業的攝影師比，但我想會是簡單易懂的實戰分享～

一、關於設備：

相機：很多人問我極光用手機或傻瓜相機拍得起來嗎？我想這要看你所謂「拍得起來」的定義是什麼？如果極光夠強，用手機或傻瓜相機的確拍得出來，但是會非常模糊，適合自己留紀念用，如果極光不強的話，那就什麼都拍不到。真的要拍出清楚的極光，需要手動操作光圈、快門和 ISO 的相機，快門時間要長，光圈愈大愈好，ISO 的能力愈強愈好（不容易有雜訊），鏡頭最好使用廣角鏡，可以拍出極光的氣勢。

腳架：當快門時間長，就要讓相機穩定不晃動，所以一個穩定的腳架是一定要的。冰島風大，不要用太輕的腳架，最好找腳架中間有掛勾的，如果風真的太大可以掛個重物讓腳架穩定。

快門線：快門線可以避免在按下快門時晃動相機，如果沒有快門線，用倒數自拍的方式也可以，總之，就是不要讓按下快門的手影響了拍攝。

多一顆電池：天冷的時候電池消耗會特別快，所以多準備一顆充飽電的電池放在口袋比較溫暖的地方，以免極光很美麗但相機沒有電那會很想死。

手電筒：拍攝極光常常是在很黑暗的地方，如果有手電筒等照明設備，可以讓一切容易一些。

保暖衣物：拍攝極光要在晚上空曠的地方，冰島風大，夜晚的風一吹真的很冷。請穿上最暖的衣褲，毛帽圍巾塞滿每一個空隙，戴上手套，帶個暖暖包也不錯。保暖措施做得好才能心無旁鶩的好好欣賞、好好拍。

二、拍攝心得分享：

要先熟悉自己的相機，看看 ISO 到多高不會有雜訊。以我的相機 SONY A7 II 來說，ISO 設到 3200 都還很清楚，所以我會把 ISO 調到清楚的極限值。再來將光圈開到最大（我的光圈最大到 4），可以更大當然更好。最後就是調整快門的時間，當 ISO、光圈都確定了，快門就自己試試調到多少可以把極光拍清楚。極光愈亮，需要的快門時間愈短；當極光比較弱，就必須讓快門時間更長才能拍得清楚。我自己拍攝極光的時候，快門時間通常要 5 秒以上，甚至到 10 秒。

要注意的是，當快門時間拉長，就不會拍到清楚的躍動極光束，極光會糊在一起，呈現整片的感覺。但是整片也有整片的

美，所以多試、多拍，就會有多一些自己喜歡的照片囉。

至於對焦也是一個要注意的細節，因為星星或極光的亮度常常不足以成為相機在黑暗中的對焦點，所以要拍極光時，可以先找遠方一個夠亮的光源（真的沒有光源就用手電筒照在人或物體上當光源），把鏡頭對準光源完成對焦後，再把相機移向天空取自己想要的構圖按下快門。我個人是用 10 秒自拍方式，所以對焦完成後還有 10 秒的時間讓我找好自己想要的構圖，完成拍攝。對焦很重要喔，如果沒有先對焦就直接對著天空拍攝，拍出來的照片會完全是糊的沒有焦距。

如果想要人也入鏡，最好是月亮夠亮，就會有天然的 spot light 打在人身上，讓人可以被拍清楚。如果月亮不夠亮，可以用閃光燈補光，但最好是厲害一點的閃光，不然相片會假假的比較沒有美感。另外一個方式就是站在有光源的地方，但要注意光源不能太亮，否則拍起來人會過曝。

我第一次拍到極光時，剛好那天住的旅館附近很空曠，所以我在旅館前面就可以

拍，拍的時候有房間裡的燈光照在我身上，剛剛好不會太亮，我就剛剛好清楚的入鏡了。

還要留意人在入鏡時，要努力 hold 住全身不能動喔，否則拍起來人會糊掉，至於要 hold 住多久，要看快門時間，快門時間多長就 hold 多久。我的建議是，人盡量站遠一點，不要正面看鏡頭（拍背影或側面），這樣糊掉比較看不出來，如果拍的是正面，臉糊掉會看起來有一點像靈異照片。

其他的就剩運氣囉，雖然人各有命，無法強求，但是大家都知道，機會是留給準備好的人，所以請做好充分的準備，好運來的時候就是你的了！

另外補充，冰島其實也有很多極光 tours，旅行社會在每天晚上 18:00 通知旅館當天的極光團是否出團，可以那時再報名。一般來說，極光團從 9～4 月都有，每個季節出發的時間不太一樣，可以先上網確認。

通常參加 tours 會提供兩次機會，如果第一次沒有看到極光，可以免費報名參加第二次。

極光介紹與拍攝 tips

白日夢冒險玩

吳沁婕的冰島奇幻旅程

作者 / 吳沁婕

主編 / 林孜懃　　美術設計 / 羅心梅
行銷企劃經理 / 金多誠
出版一部總編輯暨總監 / 王明雪

發行人 / 王榮文
出版發行 / 遠流出版事業股份有限公司
地址：台北市南昌路 2 段 81 號 6 樓
郵撥：0189456-1
電話：（02）2392-6899　傳真：（02）2392-6658
著作權顧問 / 蕭雄淋律師
輸出印刷 / 中原造像股份有限公司
2016 年 5 月 1 日 初版一刷
2020 年 8 月 15 日 初版五刷

定價 / 新台幣 350 元（缺頁或破損的書，請寄回更換）

YL*ib*.com 遠流博識網
http://www.ylib.com　E-mail:ylib@ylib.com

國家圖書館出版品預行編目 (CIP) 資料

白日夢冒險玩:吳沁婕的冰島奇幻旅程 / 吳沁婕
著 . -- 初版 . -- 臺北市 : 遠流 , 2016.05
　　面;　公分
　　ISBN 978-957-32-7820-7(平裝)

　1. 遊記　　2. 冰島

747.79　　　　　　　　　　105005823